필승합격 일본어능력시험

N2 한자 550

아스크출판 편집부 저

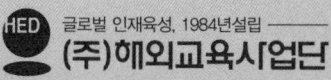
글로벌 인재육성, 1984년설립
(주)해외교육사업단

머리말

 일본어 학습자의 가장 큰 어려움은 한자 공부라고 합니다. 어느 학자는 일본어의 70%가 한자어라고 말합니다. 한국어도 우리가 인식하지 못하지만, 실제 한자어가 차지하는 비중은 비슷합니다. 한국의 초·중·고등학교에서 한자 수업 시간이 적기 때문에 한자를 보아도 읽거나 의미를 이해하기 어렵습니다. 하지만 한국어로 읽고 이해한다면 일본어로 읽을 수는 없더라도 그 한자의 뜻을 이해할 수 있기 때문에 그만큼 일본어는 쉽게 느껴질 것입니다.

 이 책은 학습자의 레벨에 맞추어 단계적으로 학습해 간다는 전제아래 일본에서 편집된 내용을 한국어판으로 다시 편집한 것입니다. 한국어판 편집에 따른 이 책의 특징을 간략히 설명합니다.

1. 한국어 한자의 읽기를 병기하여 친밀감을 추가

 일본어판 편집에 근거하여 해외교육사업단에서는 한국어로 해당 한자의 뜻과 읽기를 추가하였습니다. 한 글자에 하나 또는 두개의 뜻과 읽기가 있는 것을 알기 쉽게 한글로 표기하였습니다. 또한 신자체로 된 일본어 한자와 구자체로 된 한국어 한자는 그 모양이 서로 조금 다른 경우도 있습니다. 그러한 경우에는 한국어 한자인 구자체를 추가하였습니다.

2. 한자의 읽기와 듣기의 동시 학습이 가능

 이 책에 수록된 모든 한자에 대해서는 각 챕터 별로 한자의 단어를 읽은 음성 파일을 제공합니다. 눈으로 보면서 귀로 듣는 행위는 기억력을 향상시켜 줍니다. PC로도 접속이 가능하지만, 모바일로 접속하여 휴대가 편리한 작은 사이즈의 이 책을 보면서 어디서든 집중 학습이 가능합니다.

3. 한자 쓰기 순서도 자연스레 익힌다

 한자를 배우는 초보 단계에서부터 쓰기를 연습하면 더욱 확실하게 한자를 암기할 수 있습니다. 그러나 대부분의 학습자는 쓰기에 대해 시간 상의 여유가 없다거나 쓰는 행위를 귀찮아 합니다. 하지만 이 책에서는 한자의 쓰는 순서에 따라 인쇄가 되어 있으므로 눈으로 확인하는 것만으로도 쓰는 학습 효과를 얻을 수 있습니다. 손으로 쓰지 못해도 눈으로 쓴다고 생각하면서 이미지 필기를 하시면 됩니다. 또한 한 칸에 한 획 씩 추가되므로 칸 수로 획수도 계산됩니다.

4.학습 진도에 따라 온라인으로 확인 테스트

각 챕터의 학습이 끝나면 스스로의 학습 내용을 체크하는 <확인 테스트>를 온라인으로 또는 PDF로도 할 수 있습니다. 각 챕터 별로 40문제가 제공되므로 총 320문제가 제공됩니다. 문제를 풀고 자신의 점수를 확인할 수 있으며 정답보기를 누르면 모든 문제의 정답이 보이고 오답과 정답을 체크해 줍니다.

5. 암기용 셀로판지를 제공

이 책의 수록 내용을 암기하려면 셀로판지를 이용하여 빨간색으로 표기된 음독, 훈독, 가나읽기 부분을 감추고 학습하는 것이 좋습니다. 처음에는 빨간색 글자를 보면서 학습하고 복습을 할 때에는 셀로판지를 대고 빨간색 부분을 읽을 수 있는지 확인해 보시기 바랍니다.

6.학습계획표를 알려 드립니다.

이 책은 N3 한자의 확인 리스트 외에 8개의 챕터로 구성되어 있습니다. 개인차가 있을 수 있지만, 1개 챕터에 70개의 한자가 있으므로 대략적으로 한 주에 한 챕터 씩을 공부한다면 약 2개월 정도에 이 책 한권을 마스터하도록 학습계획표를 작성할 것을 권해 드립니다. 열심히 하는 분은 한 주에 2개 챕터로 1개월에 마스터하는 것도 가능할 것입니다.

다음 페이지의 학습계획표를 참조해 주십시오.

[필승합격일본어능력시험 N2 한자 550 학습계획표]

학습기간	Week01	Week02	Week03
한자 번호	N3 한자 확인 리스트	N2 한자 001~072	N2 한자 073~138
페이지	11~34	35~60	61~84
온라인 테스트	-	/40	/40
학습기간	Week04	Week05	Week06
한자 번호	N2 한자 139~210	N2 한자 211~282	N2 한자 283~348
페이지	85~110	111~136	137~160
온라인 테스트	/40	/40	/40
학습기간	Week07	Week08	Week09
한자 번호	N2 한자 349~420	N2 한자 421~492	N2 한자 493~550
페이지	161~186	187~212	213~234
온라인 테스트	/40	/40	/40

 이 외에도 시험에 나오는 2250개의 어휘를 수록하는 한편, 학습 효과를 도모하는 세련된 편집 레이아웃이 바탕에 깔려 있습니다. 여러분의 학습에 큰 도움이 되기를 바랍니다.

해외교육사업단

편저자의 말

이 책은 일본어능력시험의 각 레벨에 대응하는 한자 시리즈의 한 권이며 N2 합격에 필요한 한자와 한자 어휘를 학습하는 책입니다.

일본어능력시험의 공식 문제집이나 시험 참고서 등을 분석하여 N3 시험에 나오는 한자를 550자 엄선하였습니다. 또한 N2 레벨 이상이 되면 한자 어휘력의 유무로 시험 결과가 크게 좌우됩니다. 그렇기 때문에 N2 시험에 나올 가능성이 높은 어휘 약 2,250개를 수록하였습니다.

한자의 나열 순서에 대해서는 한자의 부수가 비슷한 것들을 모아 나열하였습니다. 그리하여 차이에 주목하고 한자의 모양을 이미지화하기 쉽다고 생각할 수 있습니다.

암기한 한자는 온라인 테스트로 복습할 수 있습니다. 한자 어휘의 정착을 도모하는 테스트 외에 JLPT 형식의 연습문제도 준비되어 있으므로 시험 준비로 이어집니다. 또한 모든 한자 단어의 읽기는 음성파일로 제공되므로 듣고 암기하는 학습 방법도 이용이 가능합니다.

N3 레벨의 한자 확인 리스트도 준비되어 있습니다. 우선 N2 보다 아래 레벨의 한자가 복습되었는지 체크한 후 N2 한자의 학습에 들어가 주십시오.

이 책은 컴팩트한 판형이므로 들고 다니기 편리하여 자투리 시간을 이용한 한자 학습이 가능합니다. 이 책으로 한자를 공부하는 여러분이 시험에 합격할 수 있도록 진심으로 기원합니다.

아스크출판사 편집부

이 책의 사용법

① 한자의 번호입니다.

② 체크박스입니다. 암기한 후 체크를 합시다.

③ 한자의 쓰는 순서입니다. 책을 보면서 종이 등에 써서 연습합시다.

④ 한자의 훈독과 음독입니다. 훈독은 히라가나로, 음독은 가타카나로 표기되어 있습니다. 또한 N2의 단계에서 암기해야 하는 읽기는 빨간색입니다. 검은색 부분은 상위 레벨에서 다루는 것이지만 스스로 사전을 찾거나 하여 공부하는 것도 좋습니다. 또는 학습의 진도를 나가기 위한 방법으로서 빨간색 부분만 암기하고 검은색은 무시하여도 좋습니다.

⑤ 어휘의 읽기입니다. 대상 한자를 사용한 N2 시험에 나올 가능성이 높은 어휘를 철저하게 골라냈습니다. 일본어능력시험에는 한자가 어휘에 포함되는 형태로 출제되므로 한자 공부를 한 후에 어휘도 암기합시다. 암기해야하는 읽기는 빨간색입니다. 소리를 내어 읽고 연습합시다. 또한 음성으로도 듣고 암기합시다.

⑥ 해당 한자의 한국에서의 읽는 법을 제시하고 한국식 한자 표기가 별도로 있는 경우에는 그것을 구자체로 제시하였습니다.

⑦ 이 어휘에 포함되고 이 책의 550자에도 포함되는 관련 한자의 번호입니다.

음성파일 이용 가이드

STEP1

각 챕터 마지막 페이지에 QR코드가 있으므로 휴대 단말기(스마트폰이나 태블릿)로 읽어 주십시오.
※PC로 접속할 시에는 URL을 입력합니다.

STEP2

QR코드를 읽으면 「필승합격 일본어능력시험 시리즈 자료실」로 이동합니다. 좌측 상단의 「필승합격 JLPT 한자」를 클릭하면 해당 도서의 자료가 있는 곳으로 이동합니다.

자신이 해당하는 레벨의 「음성파일 다운로드」를 클릭하여 음성파일을 다운로드 합니다.

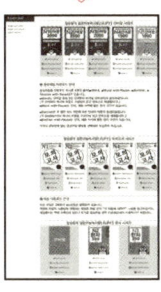

STEP3

자신이 듣고 싶은 챕터의 음성파일을 선택하여 듣습니다.
※음성파일은 각 챕터별로 나뉘어져 있으며 해당 챕터에 속한 한자어 단어를 읽은 음성입니다.
※각 단어 사이의 정지 구간은 매우 짧으므로 챕터를 전체적으로 듣는 것을 추천합니다.

온라인 테스트 이용 가이드

STEP1

각 챕터 마지막 페이지에 QR코드가 있으므로 휴대 단말기(스마트폰이나 태블릿)로 읽어 주십시오.
※PC로 접속할 시에는 URL을 입력합니다.

STEP2

QR코드를 읽으면「필승합격 일본어능력시험 시리즈 자료실」로 이동합니다. 좌측 상단의「필승합격 JLPT 한자」를 클릭하면 해당 도서의 자료가 있는 곳으로 이동합니다.

STEP3

자신이 해당하는 레벨의「온라인 테스트」를 클릭합니다.

STEP4

복습하고자 하는 챕터를 선택하여 자신의 실력을 확인합니다.

STEP5

문제를 다 푼 후 「점수」 버튼을 누르면 채점된 결과가 나옵니다. 자신이 제출한 답안에서 정답은 빨간색, 오답은 파란색으로 표시됩니다. 「정답보기」를 누르면 모든 문제의 정답이 보입니다.

※테스트는 몇 번이고 다시 풀어볼 수 있습니다.
※해당 테스트는 PDF파일로도 제공됩니다.

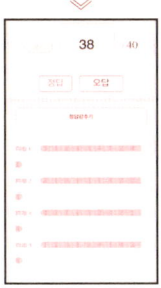

목차

머리말 ·· 2

편저자의 말 ·· 5

이 책의 사용법 ·· 6

음성파일 이용 가이드 ·· 7

온라인 테스트 이용 가이드 ··· 8

N3한자   확인리스트 ··· 11

N2한자   001 ~ 072 ··· 35

N2한자   073 ~ 138 ··· 61

N2한자   139 ~ 210 ··· 85

N2한자   211 ~ 282 ··· 111

N2한자   283 ~ 348 ··· 137

N2한자   349 ~ 420 ··· 161

N2한자   421 ~ 492 ··· 187

N2한자   493 ~ 550 ··· 213

50음순 색인 ·· 235

N3한자 확인 리스트

N3한자	훈독	음독
化 될 화	ば-かす ば-ける	カ ケ
他 다를 타	ほか	タ
付 줄 부	つ-ける つ-く	フ
任 맡길 임	まか-せる まか-す	ニン
件 물건 건		ケン
伝 전할 전	つた-える つた-わる つた-う	デン
位 자리 위	くらい	イ

N3한자	훈독	음독
供 이바지할 공	とも そな-える	キョウ ク
例 법식 례	たと-える	レイ
価 값 가	あたい	カ
値 값 치	ね あたい	チ
保 지킬 보	たも-つ	ホ
信 믿을 신		シン
係 맬 계	かか-る かかり	ケイ

N3 한자

N3한자	훈독	음독
倍 곱 배		バイ
個 낱 개		コ
修 닦을 수	おさ-める / おさ-まる	シュウ / シュ
停 머무를 정		テイ
側 곁 측	がわ	ソク
健 굳셀 건	すこ-やか	ケン
康 편안 강		コウ
準 준할 준		ジュン

N3한자	훈독	음독
備 갖출 비	そな-える / そな-わる	ビ
優 뛰어날 우	やさ-しい / すぐ-れる	ユウ
勝 이길 승	か-つ / まさ-る	ショウ
役 부릴 역		ヤク / エキ
彼 저 피	かれ / かの	ヒ
術 재주 술		ジュツ
復 회복할 복		フク
複 겹칠 복		フク

N3한자	훈독	음독
初 처음 초	はじ-め はじ-めて はつ うい そ-める	ショ
汚 더러울 오	きたな-い よご-す よご-れる けが-す けが-れる けが-らわしい	オ
決 결단할 결	き-める き-まる	ケツ
泊 머무를 박	と-める と-まる	ハク
泳 헤엄칠 영	およ-ぐ	エイ
波 물결 파	なみ	ハ

N3한자	훈독	음독
泣 울 읍	な-く	キュウ
油 기름 유	あぶら	ユ
治 다스릴 치	なお-す なお-る おさ-める おさ-まる	チ ジ
活 살 활		カツ
消 사라질 소	け-す き-える	ショウ
酒 술 주	さけ さか	シュ
流 흐를 류	なが-す なが-れる	リュウ ル
済 건널 제	す-ます す-む	サイ

N3 한자

N3한자	훈독	음독
深 깊을 심	ふか-い ふか-める ふか-まる	シン
涼 서늘할 량	すず-しい すず-む	リョウ
温 따뜻할 온	あたた-かい あたた-か あたた-める あたた-まる	オン
泉 샘 천	いずみ	セン
減 덜 감	へ-らす へ-る	ゲン
満 찰 만	み-たす み-ちる	マン
渡 건널 도	わた-す わた-る	ト
港 항구 항	みなと	コウ

N3한자	훈독	음독
冷 찰 냉	つめ-たい ひ-える ひ-や ひ-やす ひ-やかす さ-ます さ-める	レイ
暖 따뜻할 난	あたた-かい あたた-か あたた-める あたた-まる	ダン
晴 갤 청	は-れる は-らす	セイ
放 놓을 방	はな-す はな-れる はな-つ ほう-る	ホウ
故 연고 고	ゆえ	コ
政 정사 정	まつりごと	セイ ショウ
数 셈 수	かず かぞ-える	スウ ス

N3한자	훈독	음독
改 고칠 개	あらた-める あらた-まる	カイ
札 편지 찰	ふだ	サツ
枚 낱 매		マイ
相 서로 상	あい	ソウ ショウ
根 뿌리 근	ね	コン
格 격식 격		カク コウ
機 틀 기	はた	キ
械 기계 계		カイ

N3한자	훈독	음독
植 심을 식	う-える う-わる	ショク
検 검사할 검		ケン
査 조사할 사		サ
様 모양 양	さま	ヨウ
橋 다리 교	はし	キョウ
黄 누를 황	き こ	コウ オウ
横 가로 횡	よこ	オウ
秒 분초 초		ビョウ

N3 한자

N3한자	훈독	음독
移 옮길 이	うつ-す / うつ-る	イ
税 세금 세		ゼイ
種 씨 종	たね	シュ
打 칠 타	う-つ	ダ
払 떨칠 불	はら-う	フツ
折 꺾을 절	お-る / おり / お-れる	セツ
技 재주 기	わざ	ギ
投 던질 투	な-げる	トウ

N3한자	훈독	음독
押 누를 압	お-す / お-さえる	オウ
指 가리킬 지	ゆび / さ-す	シ
授 줄 수	さず-ける / さず-かる	ジュ
接 이을 접	つ-ぐ	セツ
忙 바쁠 망	いそが-しい	ボウ
性 성품 성		セイ / ショウ
情 뜻 정	なさ-け	ジョウ / セイ
慣 익숙할 관	な-れる / な-らす	カン

N3한자	훈독	음독	N3한자	훈독	음독
愛 사랑 애		アイ	想 생각 상		ソウ ソ
恋 그리워할 연	こい こい-しい こ-う	レン	期 기약할 기		キ ゴ
残 남을 잔	のこ-す のこ-る	ザン	限 한할 한	かぎ-る	ゲン
念 생각 념		ネン	防 막을 방	ふせ-ぐ	ボウ
忘 잊을 망	わす-れる	ボウ	降 내릴 강	ふ-る お-りる お-ろす	コウ
窓 창 창	まど	ソウ	階 섬돌 계		カイ
悲 슬플 비	かな-しい かな-しむ	ヒ	段 층계 단		ダン
感 느낄 감		カン	際 즈음 제	きわ	サイ

N3한자	훈독	음독
郵 우편 우		ユウ
予 미리 예		ヨ
預 맡길 예	あず-ける あず-かる	ヨ
原 근원 원	はら	ゲン
願 원할 원	ねが-う	ガン
類 무리 류	たぐ-い	ルイ
夫 지아비 부	おっと	フ フウ
規 법 규		キ

N3한자	훈독	음독
観 볼 관		カン
現 나타날 현	あらわ-す あらわ-れる	ゲン
球 공 구	たま	キュウ
増 더할 증	ふ-やす ふ-える ま-す	ゾウ
記 기록할 기	しる-す	キ
設 베풀 설	もう-ける	セツ
訪 찾을 방	たず-ねる おとず-れる	ホウ
評 평할 평		ヒョウ

N3한자	훈독	음독
証 증거 증		ショウ
誌 기록할 지		シ
談 말씀 담		ダン
調 고를 조	しら-べる ととの-える ととの-う	チョウ
課 과정 과		カ
論 논할 논		ロン
議 의논할 의		ギ
各 각각 각	おのおの	カク

N3한자	훈독	음독
路 길 로	じ	ロ
糸 실 사	いと	シ
絡 이을 락	から-む から-める から-まる	ラク
級 등급 급		キュウ
約 맺을 약		ヤク
束 묶을 속	たば	ソク
細 가늘 세	ほそ-い こま-かい こま-か ほそ-る	サイ
経 지날 경	へ-る	ケイ キョウ

N3한자	훈독	음독
組 짤 조	く-む くみ	ソ
絵 그림 회		エ カイ
給 줄 급		キュウ
続 이을 속	つづ-ける つづ-く	ゾク
練 익힐 련	ね-る	レン
線 줄 선		セン
紹 이을 소		ショウ
介 낄 개		カイ

N3한자	훈독	음독
結 맺을 결	むす-ぶ ゆ-う ゆ-わえる	ケツ
婚 혼인할 혼		コン
婦 며느리 부		フ
妻 아내 처	つま	サイ
貝 조개 패	かい	
責 꾸짖을 책	せ-める	セキ
費 쓸 비	つい-やす つい-える	ヒ
貿 무역할 무		ボウ

N3한자	훈독	음독
易 바꿀 역	やさ-しい	エキ イ
資 재물 자		シ
質 바탕 질		シツ シチ チ
失 잃을 실	うしな-う	シツ
敗 패할 패	やぶ-れる	ハイ
財 재물 재		サイ ザイ
貯 쌓을 저		チョ
則 법칙 칙		ソク

N3한자	훈독	음독
判 판단할 판		ハン バン
割 벨 할	わ-る わり わ-れる さ-く	カツ
制 절제할 제		セイ
製 지을 제		セイ
込 담을 입	こ-める こ-む	
辺 가 변	あた-り べ	ヘン
迎 맞을 영	むか-える	ゲイ
逃 도망할 도	に-がす に-げる のが-す のが-れる	トウ

N3 한자

N3한자	훈독	음독
追 쫓을 추	お-う	ツイ
退 물러날 퇴	しりぞ-ける しりぞ-く	タイ
造 지을 조	つく-る	ゾウ
速 빠를 속	はや-い はや-める はや-まる すみ-やか	ソク
連 잇닿을 련	つ-れる つら-ねる つら-なる	レン
遅 더딜 지	おそ-い おく-らす おく-れる	チ
過 지날 과	す-ごす す-ぎる あやま-つ あやま-ち	カ
遊 놀 유	あそ-ぶ	ユウ ユ

N3한자	훈독	음독
違 어긋날 위	ちが-える ちが-う	イ
選 가릴 선	えら-ぶ	セン
越 넘을 월	こ-す こ-える	エツ
宅 집 택		タク
守 지킬 수	まも-る もり	シュ ス
完 완전할 완		カン
実 열매 실	み みの-る	ジツ
定 정할 정	さだ-める さだ-まる さだ-か	テイ ジョウ

N3한자	훈독	음독
客 손 객		キャク カク
容 얼굴 용		ヨウ
宿 잘 숙	やど やど-す やど-る	シュク
労 일할 로		ロウ
営 경영할 영	いとな-む	エイ
覚 깨달을 각	おぼ-える さ-ます さ-める	カク
非 아닐 비		ヒ
常 항상 상	つね とこ	ジョウ

N3한자	훈독	음독
堂 집 당		ドウ
笑 웃을 소	わら-う え-む	ショウ
第 차례 제		ダイ
算 셈 산		サン
管 대롱 관	くだ	カン
簡 간략할 간		カン
単 홀 단		タン
芸 재주 예		ゲイ

N3 한자

N3한자	훈독	음독
苦 쓸 고	くる-しい くる-しめる くる-しむ にが-い にが-る	ク
若 같을 약	わか-い も-しくは	ジャク ニャク
草 풀 초	くさ	ソウ
荷 멜 하	に	カ
落 떨어질 락	お-とす お-ちる	ラク
葉 잎 엽	は	ヨウ
募 모을 모	つの-る	ボ

N3한자	훈독	음독
夢 꿈 몽	ゆめ	ム
厚 두터울 후	あつ-い	コウ
歴 지날 력		レキ
史 사기 사		シ
欠 이지러질 결	か-ける か-く	ケツ
席 자리 석		セキ
府 마을 부		フ
県 고을 현		ケン

N3한자	훈독	음독
座 자리 좌	すわ-る	ザ
庭 뜰 정	にわ	テイ
痛 아플 통	いた-い いた-める いた-む	ツウ
戻 돌릴 려	もど-す もど-る	レイ
届 이를 계	とど-ける とど-く	
局 판 국		キョク
老 늙을 로	お-いる ふ-ける	ロウ
省 덜 생	はぶ-く かえり-みる	ショウ セイ

N3한자	훈독	음독
差 다를 차	さ-す	サ
産 낳을 산	う-む う-まれる うぶ	サン
表 겉 표	おもて あらわ-す あらわ-れる	ヒョウ
券 문서 권		ケン
参 참여할 참	まい-る	サン
加 더할 가	くわ-える くわ-わる	カ
助 도울 조	たす-ける たす-かる すけ	ジョ
効 본받을 효	き-く	コウ

N3 한자

N3한자	훈독	음독
勤 부지런할 근	つと-める つと-まる	キン ゴン
協 화합할 협		キョウ
務 힘쓸 무	つと-める つと-まる	ム
内 안 내	うち	ナイ ダイ
向 향할 향	む-ける む-く む-かう む-こう	コウ
両 두 량		リョウ
面 낯 면	おも おもて つら	メン
再 두 재	ふたた-び	サイ サ

N3한자	훈독	음독
由 말미암을 유	よし	ユ ユウ ユイ
因 인할 인	よ-る	イン
団 둥글 단		ダン トン
困 곤할 곤	こま-る	コン
固 굳을 고	かた-い かた-める かた-まる	コ
司 맡을 사	つかさど-る	シ
可 옳을 가		カ
支 지탱할 지	ささ-える	シ

N3한자	훈독	음독
幸 다행 행	しあわ-せ さいわ-い さち	コウ
具 갖출 구		グ
負 질 부	ま-かす ま-ける お-う	フ
昔 예 석	むかし	セキ シャク
香 향기 향	かお-る かお-り か	コウ キョウ
普 넓을 보		フ
皆 다 개	みな	カイ
直 곧을 직	なお-す なお-る ただ-ちに	チョク ジキ

N3한자	훈독	음독
置 둘 치	お-く	チ
型 모형 형	かた	ケイ
基 터 기	もと もとい	キ
閉 닫을 폐	し-める し-まる と-じる と-ざす	ヘイ
関 관계할 관	かか-わる せき	カン
星 별 성	ほし	セイ ショウ
量 헤아릴 량	はか-る	リョウ
最 가장 최	もっと-も	サイ

N3 한자

N3한자	훈독	음독
雪 눈 설	ゆき	セツ
雲 구름 운	くも	ウン
震 우레 진	ふる-える ふる-う	シン
留 머무를 류	と-める と-まる	リュウ ル
条 가지 조		ジョウ
案 책상 안		アン
馬 말 마	うま ま	バ
点 점 점		テン

N3한자	훈독	음독
無 없을 무	な-い	ム ブ
然 그럴 연		ゼン ネン
熱 더울 열	あつ-い	ネツ
器 그릇 기	うつわ	キ
毛 터럭 모	け	モウ
玉 구슬 옥	たま	ギョク
王 임금 왕		オウ
未 아닐 미		ミ

N3한자	훈독	음독
末 끝 말	すえ	マツ バツ
果 열매 과	は-たす は-てる は-て	カ
菓 과자 과		カ
示 보일 시	しめ-す	ジ シ
禁 금할 금		キン
申 거듭 신	もう-す	シン
神 귀신 신	かみ かん こう	ジン シン
血 피 혈	ち	ケツ

N3한자	훈독	음독
曲 굽을 곡	ま-げる ま-がる	キョク
農 농사 농		ノウ
角 뿔 각	かど つの	カク
解 풀 해	と-く と-ける と-かす	カイ ゲ
船 배 선	ふね ふな	セン
呼 부를 호	よ-ぶ	コ
鳴 울 명	な-く な-る な-らす	メイ
雑 섞일 잡		ザツ ゾウ

N3 한자

N3한자	훈독	음독
難 어려울 난	むずか-しい かた-い	ナン
収 거둘 수	おさ-める おさ-まる	シュウ
礼 예도 례		レイ ライ
形 모양 형	かたち かた	ケイ ギョウ
的 과녁 적	まと	テキ
師 스승 사		シ
殺 죽일 살	ころ-す	サツ サイ セツ
配 나눌 배	くば-る	ハイ

N3한자	훈독	음독
断 끊을 단	ことわ-る た-つ	ダン
辞 말씀 사	や-める	ジ
鉄 쇠 철		テツ
静 고요할 정	しず-か しず しず-める しず-まる	セイ ジョウ
疑 의심할 의	うたが-う	ギ
確 굳을 확	たし-か たし-かめる	カク
輸 보낼 수		ユ
職 직분 직		ショク

N3한자	훈독	음독
久 오랠 구	ひさ-しい	ク キュウ
丸 둥글 환	まる まる-い まる-める	ガン
比 견줄 비	くら-べる	ヒ
央 가운데 앙		オウ
共 한가지 공	とも	キョウ
当 마땅 당	あ-てる あ-たる	トウ
式 법 식		シキ
成 이룰 성	な-す な-る	セイ ジョウ

N3한자	훈독	음독
求 구할 구	もと-める	キュウ
身 몸 신	み	シン
君 임금 군	きみ	クン
命 목숨 명	いのち	メイ ミョウ
受 받을 수	う-ける う-かる	ジュ
卒 마칠 졸		ソツ
並 나란히 병	なら-べる なら-ぶ なら-びに なみ	ヘイ
育 기를 육	そだ-てる そだ-つ はぐく-む	イク

N3 한자

N3한자	훈독	음독
商 장사 상	あきな-う	ショウ
美 아름다울 미	うつく-しい	ビ
変 변할 변	か-える か-わる	ヘン
飛 날 비	と-ばす と-ぶ	ヒ
登 오를 등	のぼ-る	ト トウ
歯 이 치	は	シ
才 재주 재		サイ
能 능할 능		ノウ

N3한자	훈독	음독
平 평평할 평	たい-ら ひら	ヘイ ビョウ
和 화할 화	なご-やか なご-む やわ-らげる やわ-らぐ	ワ オ
戦 싸움 전	たたか-う いくさ	セン
争 다툴 쟁	あらそ-う	ソウ
存 있을 존		ソン ゾン
在 있을 재	あ-る	ザイ
報 알릴 보	むく-いる	ホウ
告 고할 고	つ-げる	コク

N3한자	훈독	음독
必 반드시 필	かなら-ず	ヒツ
要 요긴할 요	い-る かなめ	ヨウ
反 돌이킬 반	そ-らす そ-る	ハン ホン タン
対 대할 대		タイ ツイ

N2 한자
001-072

001 仏 **002** 仲 **003** 似

001 仏

(부처 불) 佛
019 像
026 徒

筆順: ノ イ 仏 仏

ほとけ
仏 부처

ブツ
仏教 불교
仏像 불상
神仏 신불
仏教徒 불교도
仏壇 불단
成仏 성불

002 仲

(버금 중)
494 良

筆順: ノ イ 亻 仁 仁 仲

なか
仲 사이/관계
仲良し 사이 좋은 관계/단짝
仲間外れ 따돌림
仲直り 화해
仲間 동료

チュウ

003 似

(닮을 사)

筆順: ノ イ 亻 亻 似 似

に-る
似る 닮다
似合う 어울리다

ジ
類似 유사

☆ 真似る 흉내내다

004 仮 **005** 伸 **006** 伺

004 仮

仮 仮 ／ 亻 亻 个 仅 仮

かり
仮に 만일

(거짓 가) 假
322 装
480 片

カ ケ
仮定 가정 仮面 가면 仮装 가장
平仮名 히라가나 片仮名 가타카나
仮病 꾀병

005 伸

伸 伸 ／ 亻 亻 个 伂 佃 伸

の-ばす の-びる の-べる
伸ばす 펴다   伸びる 펴지다/자라다

(펼 신)

シン

006 伺

伺 伺 ／ 亻 伂 伂 佰 伺 伺

うかが-う
伺う 방문하다/묻다

(엿볼 사)

シ

007 依 **008** 俳 **009** 候

007 依

依 依

ノ 亻 亻 𠆢 㐫 依 依 依

イ エ

依頼 의뢰/부탁
いらい

依存 의존
いぞん

依存症 의존증
いぞんしょう

依然として 여전히
いぜん

(의지할 의)
253 頼
461 症

008 俳

俳 俳

ノ 亻 亻 亻 仁 仁 俳
俳 俳

ハイ

俳優 배우
はいゆう

俳句 하이쿠
はいく

(배우 배)
541 句

009 候

候 候

ノ 亻 亻 𠆢 㐁 㐁 㐁
㐁 候

そうろう

コウ

気候 기후
きこう

天候 날씨
てんこう

候補 후보
こうほ

候補者 후보자
こうほしゃ

(기후 후)
319 補

010 倒　011 偶　012 偉

倒　倒　｜　ノ　イ　イ　亻´　亻⺊　亻⺊　亻至　亻至
倒　倒

010

たお-す　たお-れる
倒す 넘어뜨리다/ 쓰러뜨리다　　倒れる 넘어지다/쓰러지다

トウ
倒産 도산　　　　　　　面倒 귀찮음/보살핌
面倒くさい 귀찮다

(넘어질 도)

偶　偶　｜　ノ　イ　イ　亻⺊　亻⺊　亻日　亻日
偶　偶　偶

011

グウ
偶然 우연　　　　　　偶数 짝수
配偶者 배우자

(짝 우)

偉　偉　｜　ノ　イ　イ´　亻⺊　亻⺊　亻⺊　亻⺊
偉　偉　偉　偉

012

えら-い
偉い 훌륭하다

イ
偉大 위대　　　　　　偉人 위인

(훌륭할 위)

013 傷 **014** 催 **015** 促

013 傷

傷 傷 | ノ イ イ 亻 亻 亻 亻 亻
俏 俏 傷 傷 傷

(상처 상)
130 跡

きず
傷 상처

いた-める
傷口 상처 자리

傷跡 상처 자국

傷める 아프게 하다　傷む 아프다

ショウ

軽傷 경상　　　　重傷 중상

負傷 부상　　　　負傷者 부상자

014 催

催 催 | ノ イ 亻 亻 亻 亻 亻
亻 俳 催 催

(재촉할 최)
015 促

もよお-す
催す 개최하다　　催し物 행사

サイ
催促 재촉/독촉　　開催 개최

015 促

促 促 | ノ イ 亻 亻 亻 亻 促
促

(재촉할 촉)
014 催

うなが-す
促す 재촉하다

ソク
促進 촉진　　　　催促 재촉/독촉

016 傾　017 僚　018 僕

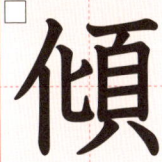

(기울어질 경)

傾　傾

| ノ | イ | イ | 化 | 化 | 化 | 化 | 傾 |
| 傾 | 傾 | 傾 | 傾 | 傾 | | | |

かたむ-ける　**かたむ-く**

傾ける 기울이다
かたむ

耳を傾ける 귀를 기울이다
みみ　かたむ

傾く 기울다
かたむ

ケイ

傾向 경향
けいこう

(동료 료)
(예쁠 요)
410 官

僚　僚

| ノ | イ | 广 | 广 | 佧 | 佧 | 佧 | 佽 |
| 倅 | 倅 | 僚 | 僚 | 僚 | 僚 | | |

リョウ

同僚 동료
どうりょう

官僚 관료
かんりょう

(종 복)

僕　僕

| ノ | イ | イ | イ | 伊 | 伊 | 伊 | 伴 |
| 伴 | 僅 | 僅 | 僅 | 僕 | 僕 | | |

ボク

僕 나/저 (젊은 남성)
ぼく

019 像 **020** 象 **021** 億

019 像

(모양 상)
001 仏

ゾウ

像 모양/형상
ぞう

画像 화상
がぞう

想像 상상
そうぞう

映像 영상
えいぞう

仏像 불상
ぶつぞう

想像力 상상력
そうぞうりょく

020 象

(코끼리 상)
031 徴
140 印
149 抽

ゾウ **ショウ**

象 모습
ぞう

象徴 상징
しょうちょう

現象 현상
げんしょう

抽象 추상
ちゅうしょう

対象 대상
たいしょう

印象 인상
いんしょう

021 億

(억 억)

オク

〜億 ~억
おく

022 儀　023 往　024 律

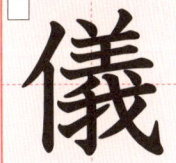

(거동 의)

儀

ノ亻亻亻゛亻゛亻゛伴伴
伴伴伴伴儀儀儀

ギ

礼儀 예의
れいぎ

お辞儀 인사/절
しぎ

行儀 예절
ぎょうぎ

儀式 의식
ぎしき

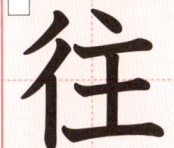

(갈 왕)

428 符

往

′ ク 亻 彳 彳 行 行 往

オウ

往復 왕복
おうふく

往復切符 왕복티켓
おうふくきっぷ

(법 률)

律

′ ク 亻 彳 彳 彳 彳 彳
律

リツ　リチ

法律 법률
ほうりつ

一律 일률
いちりつ

規律 규율
きりつ

一律料金 일률 요금
いちりつりょうきん

025 徐 026 徒 027 従

025 徐

(천천히 서)

ジョ

徐々に 서서히
じょじょ

徐行 서행
じょこう

026 徒

(무리 도)

ト

生徒 학생
せいと

生徒会 학생회
せいとかい

徒歩 도보
とほ

027 従

(좇을 종) 從

したが-える　したが-う

従える 따르게 하다/좇게 하다/복종시키다
したが

従う 따르다
したが

従って 따라서
したが

ジュウ　ジュ　ショウ

従業員 종업원
じゅうぎょういん

従来 종래
じゅうらい

☆ 従兄弟 종형제/사촌
いとこ

☆ 従姉妹 종자매/사촌
いとこ

028 得 029 街 030 御

得	得	ノ ク イ 彳 彳 彳 犭 得
		犭 得 得

え-る / う-る

得る 얻다 やむを得ず 할 수 없이
え　　　　　　　　　　　え

心得る 알다/납득하다 あり得る／あり得る 있을 수 있다
こころえ　　　　　　　え　　　　う

トク

取得 취득　獲得 획득　納得 납득
しゅとく　　　　かくとく　　　　なっとく

損得 손득　得意 득의/가장 잘하는 것
そんとく　　　とくい

(얻을 득)
172 損
362 納

街	街	ノ ク イ 彳 彳 仁 件 徉
		徉 徉 街 街

まち

街 거리　街角 길모퉁이
まち　　　　まちかど

街並み 거리 모습
まちな

カイ　ガイ

街道 가도
かいどう

商店街 상점가　　　　住宅街 주택가
しょうてんがい　　　　　　　じゅうたくがい

(거리 가)

御	御	ノ ク イ 彳 彳 彳 件 件
		徉 徉 御 御

おん

御中 귀중　御社 귀사
おんちゅう　　　おんしゃ

ゴ　ギョ

御免 면허, 공인의 높임말　御無沙汰 오랫동안 격조함
ごめん　　　　　　　　　　ごぶさた

御飯 밥　　　　　　　　　御馳走 진수성찬
ごはん　　　　　　　　　　ごちそう

(거느릴 어)

031 徴　032 汗　033 沈

031 徴

筆順: ノ 彳 彳 彳 彳 彳 彳 彳 彳 彳 彳 徴 徴

チョウ
特徴 とくちょう 특징
徴収 ちょうしゅう 징수
象徴 しょうちょう 상징

(부를 징) 徴
020 象

032 汗

筆順: 丶 氵 氵 氵 汗 汗

あせ
汗 あせ 땀
汗臭い あせくさい 땀 냄새

カン

(땀 한)
507 臭

033 沈

筆順: 丶 氵 氵 氵 沙 沈

しず-める　しず-む
沈める しず 가라앉히다
沈む しず 가라앉다

チン
沈黙 ちんもく 침묵
沈没 ちんぼつ 침몰

(잠길 침) 沈
(성씨 심)

034 沿 035 況 036 沸

034 沿
(물 따라갈 연)

筆順: 丶 丶 氵 氵 氿 沿 沿 沿

そ-う
沿う 따르다　　　川沿い 강가

エン
沿線 연선

035 況
(상황 황)
342 状

筆順: 丶 丶 氵 氵 氵 沪 沪 況

キョウ
状況 상황　　　不況 불황
実況 실황　　　実況放送 실황 방송

036 沸
(끓을 비)

筆順: 丶 丶 氵 氵 沪 沪 沸 沸

わ-かす　わ-く
沸かす 끓이다
沸く 끓다　　　沸き上がる 끓어오르다

フツ
沸騰 비등

037 泥 **038** 河 **039** 浜

037 泥

泥 泥 ｀ ｀ ｼ ｼﾞ ｼﾞ ｼﾞ ｼﾞ 泥

(진흙 니)
084 棒

どろ
泥 진흙
どろ

泥んこ 진창
どろ

泥だらけ 진흙투성이
どろ

泥棒 도둑
どろぼう

デイ

038 河

河 河 ｀ ｀ ｼ ｼﾞ ｼﾞ ｼﾞ ｼﾞ 河

(물 하)
514 氷

かわ
河 하천/강
かわ

カ
河川 하천
かせん

氷河 빙하
ひょうが

運河 운하
うんが

氷河期 빙하기
ひょうがき

039 浜

浜 浜 ｀ ｀ ｼ ｼﾞ ｼﾞ ｼﾞ ｼﾞ
ｼﾞ 浜

(물가 빈) 濱
226 砂

はま
浜 물가/해변
はま

砂浜 모래사장
すなはま

浜辺 바닷가/해변
はまべ

ヒン

040 湾　041 湖　042 洪

040 湾

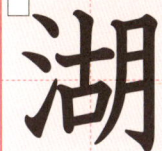

(물굽이 만) 灣
452 岸

湾　湾
` 　 ﹅ 　 氵 　 氵 　 汀 　 汀 　 汽 　 湾
浐　浐　湾　湾

ワン
湾 만
わん

港湾 항만
こうわん

湾岸 만안
わんがん

台湾 대만
たいわん

041 湖

(호수 호)

湖　湖
` 　 ﹅ 　 氵 　 氵 　 汁 　 汁 　 沽 　 沽
沽　湖　湖　湖

みずうみ
湖 호수
みずうみ

コ
湖水 호수
こすい

人工湖 인공 호수
じんこう こ

042 洪

洪　洪
` 　 ﹅ 　 氵 　 氵 　 汁 　 汁 　 泄 　 洪
洪

(큰물 홍)

コウ
洪水 홍수
こうずい

043 浅 044 派 045 浮

043

浅 浅

` ヽ ≀ シ ≀ シ ≀ シ ≀ シ ≀ 浅 浅 浅

(얕을 천) 淺

あさ-い
浅い 얕다
　あさ

セン

044

派 派

` ヽ ≀ シ ≀ シ ≀ 氵 ≀ 派 派
派

(물갈래 파) 派
074 材

ハ

立派 훌륭함
りっぱ

派手 화려한 모양
はで

派遣 파견
は けん

人材派遣 인재 파견
じんざい は けん

派遣会社 파견 회사
は けんがいしゃ

派遣社員 파견 사원
は けんしゃいん

045

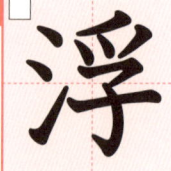

浮 浮

` ヽ ≀ シ ≀ シ ≀ シ ≀ シ ≀ 浮
浮 浮

(뜰 부) 浮

う-かべる　う-かぶ　う-く　う-かれる

浮かべる 띄우다
う

浮かぶ 뜨다
う

浮く 뜨다
う

浮かれる 들뜨다
う

フ

☆ 浮気 바람기
うわき

046 涙　047 液　048 添

046 涙

涙　涙　丶　丶　氵　氵　氵　氵　氵
氵　涙

なみだ
涙 눈물　　雀の涙 쥐꼬리만한
なみだ　　　すずめ　なみだ

ルイ

(눈물 루) 涙

047 液

液　液　丶　丶　氵　氵　氵　氵　氵
氵　氵　液

エキ
液体 액체　　　　血液 혈액
えきたい　　　　けつえき

血液型 혈액형　　血液型占い 혈액형 점
けつえきがた　　けつえきがたうらな

(진액)
261 占

048 添

添　添　丶　丶　氵　氵　氵　氵　沃　添
添　添　添

そ-える　そ-う
添える 첨부하다　　添う 더하다/첨가하다
そ　　　　　　　そ

付き添う 시중들다　寄り添う 다가붙다
つ　そ　　　　　　よ　そ

テン
添付 첨부　　　　添加 첨가
てんぷ　　　　　てんか

(더할 첨)
415 寄

049 混 **050** 清 **051** 渉

049 混

`	ˋ	⺡	氵	汈	浑	浑	浑
浑	浑	混					

(섞일 혼)
391 乱

ま-ぜる   ま-ざる   ま-じる   こ-む

混ぜる 섞다   混ざる 섞이다
混じる 섞이다   混む 붐비다
人混み 북적임

コン

混乱 혼란   混雑 혼잡   混合 혼합
こんらん   こんざつ   こんごう

050 清

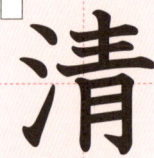

`	ˋ	⺡	氵	汁	洋	洋	清
清	清	清					

(맑을 청)清
065 潔
165 掃

きよ-い   きよ-める   きよ-まる

清い 맑다/깨끗하다

セイ   ショウ

清潔 청결   清掃 청소
せいけつ   せいそう
清書 청서/정서
せいしょ

051 渉

`	ˋ	⺡	氵	汁	洪	浊
沙	渉	渉				

(건널 섭)渉
381 干

ショウ

交渉 교섭   干渉 간섭
こうしょう   かんしょう

052 渋　**053** 滞　**054** 湯

---

052 渋

渋　渋
、 ゛ ⺡ ⺡ ⻇ ⻇ 渋
渋 渋 渋

しぶ-い　しぶ　しぶ-る

渋い 떫다/수수하다　　　　渋谷 시부야
しぶ　　　　　　　　　　しぶや

(떫을 삽) 澁
053 滞
264 谷

ジュウ

渋滞 정체/밀림
じゅうたい

---

053 滞

滞　滞
、 ゛ ⺡ 冫 ⺡ ⺡ ⺡
⺡ ⺡ ⺡ 滞 滞

とどこお-る

タイ

渋滞 정체/밀림　　　　滞在 체재
じゅうたい　　　　　　たいざい

(막힐 체) 滯
052 渋

---

054 湯

湯　湯
、 ゛ ⺡ ⺡ ⺡ ⺡ 沪 湡
湡 湯 湯 湯

ゆ

お湯 뜨거운 물　　　　湯気 김/수증기
　ゆ　　　　　　　　　ゆげ

湯飲み 찻잔
ゆの

(끓일 탕)

トウ

055 湿　056 測　057 滑

055 湿
(젖을 습) 濕

筆順: `、 氵 氵 氵 沪 沪 沪 沪 沪 渭 湿 湿`

しめ-す　しめ-る
- 湿る (しめる) 축축해지다/습기차다
- 湿っぽい (しめっぽい) 눅눅하다

シツ
- 湿度 (しつど) 습도
- 湿度計 (しつどけい) 습도계
- 湿気 (しっけ) 습기

056 測
(잴 측)

筆順: `、 氵 氵 氵 沪 沪 沪 沪 沪 浿 測 測`

はか-る
- 測る (はかる) 재다

ソク
- 予測 (よそく) 예측
- 観測 (かんそく) 관측
- 測定 (そくてい) 측정
- 測量 (そくりょう) 측량

057 滑
(미끄러울 활)

筆順: `、 氵 氵 氵 沪 沪 沪 沪 沪 滑 滑 滑`

すべ-る　なめ-らか
- 滑る (すべる) 미끄러지다
- 口が滑る (くちがすべる) 말실수하다
- 口を滑らす (くちをすべらす) 말실수하다
- 滑らか (なめらか) 매끄러움

カツ　コツ
- 円滑 (えんかつ) 원활

058 源　059 溶　060 浴

058 源 (근원 원)

源 源
丶 ｀ 氵 氵 沪 沪 沪
沪 沪 沪 源 源

みなもと

ゲン
資源 자원　　　資源ごみ 재활용 쓰레기
しげん　　　　しげん
電源 전원
でんげん

059 溶 (녹을 용)

溶 溶
丶 ｀ 氵 氵 氵 沪 沪 沪
沪 浂 浂 溶 溶

と-かす　と-ける　と-く
溶かす 녹이다/풀다　　　溶ける 녹다/풀리다
と　　　　　　　　　　　と
溶け込む 녹아들다　　　溶く 풀다
と こ　　　　　　　　　と

ヨウ
溶岩 용암
ようがん

060 浴 (목욕할 욕)

320 衣

浴 浴
丶 ｀ 氵 氵 氵 沪 浴 浴
浴 浴

あ-びる　あ-びせる
浴びる 뒤집어 쓰다
あ

ヨク
海水浴 해수욕　　　日光浴 일광욕
かいすいよく　　　　にっこうよく
浴場 욕장/목욕탕
よくじょう

☆ 浴衣 유카타
ゆかた

061 演　062 漁　063 漫

061 演

演 演 ` ｀ ﾞ ｼ ｼﾞ ｼﾞ ｼﾞ ｼﾞ ｼﾞ
氵 汽 浔 渖 演 演

エン

演じる 연기하다
演劇 연극
演説 연설
演習 연습
演奏 연주
演技 연기
講演 강연

(펼 연)
290 講
390 劇

062 漁

漁 漁 ` ｀ ﾞ ｼ ｼﾞ ｼﾞ ｼﾞ ｼﾞ
氵 汽 浴 洴 漁 漁

ギョ　リョウ

漁業 어업
漁船 어선
漁師 어부
漁村 어촌

(고기 잡을 어)

063 漫

漫 漫 ` ｀ ﾞ ｼ ｼﾞ ｼﾞ ｼﾞ ｼﾞ
浔 浔 湯 湯 漫 漫

マン

漫画 만화
漫才 만담

(흩어질 만)

064 滴　065 潔　066 濃

064 滴 (물방울 적)

滴 滴
、 ｀ ⺡ ⺡ 汀 泊 泊
泊 渞 滴 滴 滴 滴

しずく　したた-る
テキ

点滴 점적/물방울
てんてき

水滴 수적/물방울
すいてき

065 潔 (깨끗할 결) 050 清

潔 潔
、 ｀ ⺡ ⺡ 汁 汁 津
潔 潔 潔 潔 潔 潔 潔

いさぎよ-い
ケツ

清潔 청결
せいけつ

清潔感 청결감
せいけつかん

不潔 불결
ふけつ

簡潔 간결
かんけつ

066 濃 (짙을 농) 375 縮

濃 濃
、 ｀ ⺡ ⺡ 氵 沪 沪 浔
浔 浔 濃 濃 濃 濃

こ-い
濃い 짙다/진하다
こ

ノウ

濃厚 농후
のうこう

濃縮 농축
のうしゅく

濃度 농도
のうど

067 激 068 濯 069 凍

067

激

(격할 격)

191 怒
387 刺

はげ-しい
激しい 격하다/세차다

ゲキ
感激 감격　　　急激 급격
かんげき　　　　きゅうげき

刺激 자극　　　激増 격증
しげき　　　　　げきぞう

激減 격감　　　激怒 격노
げきげん　　　　げきど

068

濯

(씻을 탁)

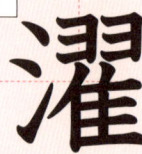

タク
洗濯 세탁　　　洗濯機 세탁기
せんたく　　　　せんたくき

洗濯物 세탁물
せんたくもの

069

凍

(얼 동)

こお-る　こご-える
凍る 얼다　　　凍り付く 얼어붙다
こお　　　　　　こお　つ

凍える 얼다
こご

トウ
冷凍 냉동　　　解凍 해동
れいとう　　　　かいとう

凍死 동사
とうし

070 祭　071 票　072 標

祭 070

祭祭 ノクタタタ 癶 タ癶 祭
祭 祭 祭

まつ-る　まつ-り
祭る 제사 지내다
祭り 축제

サイ
祭日 제일/제삿날
祭典 제전
映画祭 영화제
文化祭 문화제

(제사 제)
503 典

票 071

票票 一 ㄧ 冂 襾 襾 西 西 覀
覀 票 票

ヒョウ
投票 투표
得票 득표

(표 표)
028 得

標 072

標標 一 十 才 木 木 木 杙 杓
柙 柙 柙 樗 標 標

ヒョウ
目標 목표
標的 표적
標準 표준
標識 표식
標本 표본
標高 표고/해발

(표할 표)
282 識

온라인 테스트

001-072

아래 웹사이트에 접속하여 001~072의 한자를 복습하십시오.

PC http://www.hedgroup.co.kr/JLPT/N2_Kanji/Chapter1.html

N2 한자

073-138

073 机 **074** 材 **075** 析

073 机
(책상 궤)

机 机 一 十 才 木 机 机

つくえ
机 책상
つくえ

キ

074 材
(재목 재)
378 素

材 材 一 十 才 木 一 村 材

ザイ
材料 재료
ざいりょう

材木 재목
ざいもく

人材 인재
じんざい

素材 소재
そざい

木材 목재
もくざい

取材 취재
しゅざい

075 析
(쪼갤 석)

析 析 一 十 ‡ ‡ 扩 扩 折

セキ
分析 분석
ぶんせき

解析 해석
かいせき

076 板　077 杯　078 枝

板 076

板　板　一　十　オ　オ　オ-　オ厂　杤　板

いた
板 판자　　　まな板 도마
いた　　　　　　　　　いた

ハン / バン
鉄板 철판　　　黒板 칠판
てっぱん　　　　　こくばん

看板 간판　　　掲示板 게시판
かんばん　　　　けいじばん

(널 판)
167 揭
291 看

杯 077

杯　杯　一　十　オ　オ　オ-　オ厂　杯

さかずき

ハイ
〜杯 ~잔　　　乾杯 건배
はい　　　　　　かんぱい

精一杯 힘껏/최대한으로
せいいっぱい

(잔 배)
109 精
183 乾

枝 078

枝　枝　一　十　オ　オ　オ-　枋　枝

えだ
枝 가지
えだ

シ

(가지 지)

079 柱 **080** 柄 **081** 枯

079 柱 (기둥 주)

柱 柱 　一 十 才 木 木- 木丁 柱

はしら
柱(はしら) 기둥

チュウ
電柱(でんちゅう) 전봇대
鉄柱(てっちゅう) 철주/쇠기둥
支柱(しちゅう) 지주/버팀목

080 柄 (자루 병)

柄 柄 　一 十 才 木 木- 木丁 柄

がら / え
柄(がら) 무늬
花柄(はながら) 꽃무늬
大柄(おおがら) 무늬나 모양이 큼
小柄(こがら) 무늬나 모양이 작음
人柄(ひとがら) 인품/사람됨
家柄(いえがら) 집안/가문

ヘイ

081 枯 (마를 고)

枯 枯 　一 十 才 木 木- 木十 枯

か-らす / か-れる
枯れる(か) 마르다/시들다

コ

082 桜 083 株 084 棒

| | 桜 | 桜 | 一 | 十 | 才 | 木 | 术 | 栌 | 栌 | 松 | 082 |
| | | | 桜 | 桜 | | | | | | | |

さくら
桜 벚꽃
さくら

桜色 연분홍색
さくらいろ

オウ

(앵두나무 앵) 櫻

| | 株 | 株 | 一 | 十 | 才 | 木 | 术 | 栌 | 栌 | 株 | 083 |
| | | | 株 | 株 | | | | | | | |

かぶ
株 주식
かぶ

株価 주가
かぶか

株主 주주
かぶぬし

株式 주식
かぶしき

株式会社 주식회사
かぶしきがいしゃ

(그루 주)

| | 棒 | 棒 | 一 | 十 | 才 | 木 | 栌 | 栌 | 栌 | 棒 | 084 |
| | | | 栟 | 梼 | 梼 | 棒 | | | | | |

ボウ

棒 막대기
ぼう

鉄棒 철봉
てつぼう

綿棒 면봉
めんぼう

相棒 파트너
あいぼう

泥棒 도둑
どろぼう

(막대 봉)
037 泥
369 綿

085 棚　086 極　087 模

085 棚

| 一 | 十 | 才 | 木 | 朷 | 初 | 枊 | 棚 |
| 棚 | 棚 | 棚 | 棚 | | | | |

たな

棚 선반
たな

戸棚 찬장
と だな

本棚 책장
ほんだな

(사다리 붕)

469 戸

086 極

| 一 | 十 | 才 | 木 | 朾 | 打 | 朽 | 柯 |
| 柯 | 柯 | 極 | 極 | | | | |

きわ-める　きわ-まる　きわ-み

キョク　ゴク

積極的 적극적
せっきょくてき

北極 북극
ほっきょく

極端 극단
きょくたん

極 극히/대단히
ごく

消極的 소극적
しょうきょくてき

南極 남극
なんきょく

極力 극력
きょくりょく

極上 극상
ごくじょう

(다할 극)
(극진할 극)

096 積
521 端

087 模

| 一 | 十 | 才 | 木 | 朾 | 朽 | 柑 | 柑 |
| 柑 | 柑 | 模 | 模 | 模 | 模 | | |

モ　ボ

模様 모양
も よう

模範 모범
も はん

規模 규모
き ぼ

模索 모색
も さく

模範的 모범적
も はんてき

(본뜰 모)

437 範

66

088 構　089 権　090 染

088 構 (얽을 구)

構　構

一　十　才　木　朴　朴　栌　栌
栌　栌　構　構　構　構

かま-える　かま-う

構える 꾸미다/짓다/이루다
構う 염려하다

心構え 마음의 준비/각오
お構いなく 신경 쓰지 않고

コウ

構成 구성
結構 훌륭함/좋음
構造 구조

089 権 (권세 권) 權
423 挙
441 著

権　権

一　十　才　木　朴　朴　栌　栌
栌　栌　栌　梒　梒　権　権

ケン　ゴン

権利 권리
権力 권력
選挙権 선거권
権力者 권력자
著作権 저작권

090 染 (물들 염)
215 境
232 環
461 症

染　染

丶　丷　氵　氵　氿　氿　汰　染
染

そ-める　そ-まる　し-みる　し-み

染める 물들이다
染まる 물들다

セン

汚染 오염
伝染 전염
感染 감염
環境汚染 환경오염
伝染病 전염병
感染症 감염증

091 柔 092 秀 093 季

091 柔

柔 (부드러울 유)
356 軟

柔	柔	丁	マ	予	予	矛	柔	柔
		柔						

やわ-らか　やわ-らかい
柔らか 부드러움　　柔らかい 부드럽다
やわ　　　　　　　　やわ

ジュウ　ニュウ
柔軟 유연　　　　　　柔道 유도
じゅうなん　　　　　　じゅうどう

092 秀

秀 (빼어날 수)

秀	秀	一	二	千	千	禾	禾	秀

ひい-でる

シュウ
優秀 우수
ゆうしゅう

093 季

季 (계절 계)
434 節

季	季	一	二	千	千	禾	季	季

キ
季節 계절　　　　　　四季 사계
きせつ　　　　　　　　しき

094 秘　**095** 程　**096** 積

---

094 秘

秘 秘 ｀ ｀ 千 千 禾 禾 秘
秘 秘

- ひ-める
- ヒ

秘密 비밀
ひみつ

秘書 비서
ひしょ

便秘 변비
べんぴ

(숨길 비)
413 密

---

095 程

程 程 ｀ ｀ 千 千 禾 禾 和
积 积 桯 程

- ほど

程 정도/한도
ほど

先程 조금 전
さきほど

- テイ

程度 정도
ていど

過程 과정
かてい

日程 일정
にってい

課程 과정
かてい

(한도 정)

---

096 積

積 積 ｀ ｀ 千 千 禾 禾 秆
秳 秳 積 積 積 積 積

- つ-む　つ-もる

積む 쌓다
つ

積もる 쌓이다
つ

積み重ねる 포개다
つ かさ

見積書 견적서
みつもりしょ

- セキ

積極的 적극적
せっきょくてき

体積 체적/부피
たいせき

面積 면적
めんせき

容積 용적
ようせき

(쌓을 적)
086 極

097 穏　098 隠　099 除

097 穏

穏 穏

| ノ | ニ | チ | 千 | 禾 | 禾' | 禾'' | 禾''' |
| 禾''' | 秆 | 秤 | 秤 | 稳 | 穏 | 穏 | 穏 |

おだ-やか
穏やか 온화함/평온함
おだ

オン

(평온할 은) 穏
(평온할 온)

098 隠

隠 隠

| ７ | ３ | ｐ | ｐ' | ｐ'' | ｐ''' | ｐ'''' | 陌 |
| 阵 | 陌 | 障 | 隠 | 隠 | 隠 | | |

かく-す　かく-れる
隠す 감추다/숨기다　　　　隠れる 숨다
かく　　　　　　　　　　　　かく

イン

(숨을 은) 隠

099 除

除 除

| ７ | ３ | ｐ | ｐ' | ｐ'' | 阼 | 阼 | 除 |
| 除 | 除 | | | | | | |

のぞ-く
除く 제거하다/없애다　　　取り除く 없애다
のぞ　　　　　　　　　　　　と　　のぞ

ジョ　ジ

削除 삭제　　　　　　　　掃除 청소
さくじょ　　　　　　　　　　そうじ

大掃除 대청소　　　　　　掃除機 청소기
おおそうじ　　　　　　　　　そうじき

(덜 제)
165 掃
388 削

100 陸 101 陽 102 隅

100 陸

陸 陸 ｜ 了 阝 阝⁻ 阝⁺ 阹 阹 陟 陸 陸 陸

リク
大陸 대륙
たいりく

離陸 이륙
りりく

陸地 육지
りくち

着陸 착륙
ちゃくりく

(뭍 륙)
164 離

101 陽

陽 陽 ｜ 了 阝 阝ⁱ 阝冂 阝日 阝日 阝日 陽 陽

ヨウ
太陽 태양
たいよう

陽気 양기
ようき

(볕 양)

102 隅

隅 隅 ｜ 了 阝 阝ⁱ 阝冂 阝日 阝日 阝禺 隅 隅 隅

すみ
隅 모퉁이
すみ

隅々 구석구석
すみずみ

片隅 한쪽 구석
かたすみ

グウ

(모퉁이 우)
480 片

103 障 104 隣 105 郊

103 障

｀	３	ß	ß＇	ß⁻	ßト	ßナ	障
陪	陪	陪	障	障	障		

(막힐 장)
412 害

さわ-る
耳障り みみざわ 귀에 거슬림
気に障る きさわ 마음에 거슬리다

ショウ
障子 しょうじ 미닫이 문
故障 こしょう 고장
障害 しょうがい 장해/장애
保障 ほしょう 보장
支障 ししょう 지장

104 隣

｀	３	ß	ß＇	ß⁻	ßト	隣
隣	隣	隣	隣	隣	隣	隣

(이웃 린)

となり　とな-る
隣 となり 이웃/옆

リン
隣接 りんせつ 인접
隣人 りんじん 이웃
隣席 りんせき 옆자리
近隣 きんりん 근린
隣室 りんしつ 옆방

105 郊

｀	亠	ナ	六	交	交	交ʳ	郊
郊							

(들 교)

コウ
郊外 こうがい 교외
近郊 きんこう 근교

106 粉　107 粒　108 糖

106 粉
（가루 분）
461 症
529 麦

粉　粉　｀　｀　ﾞ　半　米　米　米

こ　こな
小麦粉 소맥분/밀가루
こむぎこ
粉々 산산조각이 남
こなごな

粉 가루
こな
粉雪 가루눈
こなゆき

フン
粉末 분말/가루
ふんまつ

花粉症 꽃가루 알러지
かふんしょう

107 粒
（낟알 립）

粒　粒　｀　｀　ﾞ　半　米　米　米
米　米　粒

つぶ
粒 알/낟알
つぶ
小粒 작은 알
こつぶ

大粒 큰 알
おおつぶ

リュウ

108 糖
（사탕 당）糧
226 砂

糖　糖　｀　｀　ﾞ　半　米　米　米
米　米　米　米　糖　糖　糖

トウ
砂糖 사탕
さとう
ぶどう糖 포도당
とう

糖分 당분
とうぶん
糖尿病 당뇨병
とうにょうびょう

109 精 110 肯 111 肩

109 精

精 精 | ヽ ´ ´ ㄣ ¥ 米 米`
米 米 精 精 精 精

(정할 정)
077 杯

セイ **ショウ**

精算 정산
せいさん

精神 정신
せいしん

精神的 정신적
せいしんてき

精一杯 힘껏/최대한
せいいっぱい

精々 겨우/잘 해야
せいぜい

110 肯

肯 肯 | ¹ ⺊ ⺊ 屮 屮 肯 肯

(즐길 긍)

コウ

肯定 긍정
こうてい

111 肩

肩 肩 | 一 ⼓ ㅋ 尸 尸 肩 肩 肩

(어깨 견) 肩

かた

肩 어깨
かた

肩こり 어깨 결림
かた

肩書き 직함
かた が

肩を落とす 어깨가 처지다
かた お

肩を並べる 어깨를 나란히 하다
かた なら

ケン

112 背 113 胃 114 骨

背

| 背 | 背 | 一 | ｜ | ㅋ | ㅋ | 北 | 北 | 背 | 背 | 112 |
| | | 背 | | | | | | | | |

せ　せい　そむ-ける　そむ-く

背 せ　　　　　　　背負う 짊어지다 / vác
せ
背中 등　　　　　　背広 신사복
せ なか　　　　　　　　せ びろ

ハイ

背後 배후　　　　　　背景 배경
はい ご　　　　　　　　はい けい

(등 배)
482 景

胃

| 胃 | 胃 | 丶 | 冂 | 罒 | 甲 | 甲 | 甲 | 胃 | 胃 | 113 |
| | | 胃 | | | | | | | | |

イ

胃 위　　　　　　　　胃袋 위
い　　　　　　　　　い ぶくろ
胃炎 위염　　　　　　胃癌 위암
い えん　　　　　　　い がん
胃痛 위통
い つう

(위장 위)
178 炎
321 袋

骨

| 骨 | 骨 | 丶 | 冂 | 罒 | 罒 | 罒 | 罒 | 骨 | 114 |
| | | 骨 | 骨 | | | | | | |

ほね

骨 뼈
ほね

コツ

骨折 골절
こっせつ

(뼈 골)

75

115 鼻　116 肌　117 脂

115 鼻 (코 비)

鼻 鼻 ｜ ´ ｜ ｢ ｜ 自 ｜ 自 ｜ 自 ｜ 自 ｜ 鼻
鼻 ｜ 鼻 ｜ 畠 ｜ 畠 ｜ 鼻 ｜ 鼻

はな
鼻 코
はな

鼻水 콧물
はなみず

鼻が高い 콧대가 높다
はな　　たか

鼻血 코피
はなぢ

ビ
耳鼻科 이비과
じびか

116 肌 (살 기)

肌 肌 ｜ ノ ｜ 几 ｜ 月 ｜ 月 ｜ 刖 ｜ 肌

はだ
肌 피부
はだ

素肌 맨몸
すはだ

肌着 속옷
はだぎ

鳥肌 소름/닭살
とりはだ

378 素

117 脂 (기름 지)

脂 脂 ｜ ノ ｜ 几 ｜ 月 ｜ 月 ｜ 月ˊ ｜ 旨 ｜ 脂
脂 ｜ 脂

あぶら
脂 기름
あぶら

シ
脂肪 지방
しぼう

体脂肪 체지방
たいしぼう

118 脈 **119** 胸 **120** 脳

118

脈 脈 / 丿 月 月 刖 刖 肵 脈 脈 脈

ミャク

文脈 문맥
ぶんみゃく

山脈 산맥
さんみゃく

静脈 정맥
じょうみゃく

人脈 인맥
じんみゃく

動脈 동맥
どうみゃく

(줄기 맥) 脈

119

胸 胸 / 丿 月 月 肌 肕 肕 胸 胸

むね　むな

胸 가슴
むね

胸毛 가슴털
むなげ

胸騒ぎ 설렘
むなさわ

キョウ

(가슴 흉)
341 騒

120

脳 脳 ` ' 十 忄 忄 忙 忱 悩 悩

ノウ

脳 뇌
のう

頭脳 두뇌
ずのう

(골 뇌) 腦

121 腕　122 腰　123 腹

121 腕 (팔 완)

腕　腕

丿 几 月 月 月' 月' 肝 肝
肝 肝 脘 腕

うで
腕 팔
腕時計 손목시계

ワン

122 腰 (허리 요)
142 抜

腰　腰

丿 几 月 月 月' 肝 肝 肝
肝 肝 腰 腰 腰

こし
腰 허리
腰抜け 겁쟁이/허리빠짐
腰掛け 의자/걸상
腰掛ける 걸터앉다

ヨウ
腰痛 요통/허리통증

123 腹 (배 복)
431 筋

腹　腹

丿 几 月 月 月' 肝 肝 肝
肝 肝 肝 腹 腹

はら
腹 배
腹が立つ 화가 나다

フク
腹痛 복통
腹筋 복근
空腹 공복
満腹 만복/배가 부름

124 臟　**125** 眠　**126** 眺

124 臟

臟　臟

月	扩	胪	胪	胪	胪	胪
胪	胪	胪	胪	臓	臓	臟

(오장 장) 臟

ゾウ

内臓 내장
ないぞう

心臓 심장
しんぞう

臓器 장기
ぞうき

肝臓 간장
かんぞう

125 眠

眠　眠

丨	冂	冃	目	目`	目＾	旷
眄	眠					

(쉴 면)
461 症
464 居

ねむ-い　**ねむ-る**

眠い 졸리다
ねむ

眠る 자다
ねむ

眠たい 졸리다
ねむ

居眠り 깜빡 드는 잠
い ねむ

ミン

睡眠 수면
すいみん

不眠 불면
ふみん

冬眠 동면
とうみん

不眠症 불면증
ふみんしょう

126 眺

眺　眺

丨	冂	冃	目	目丿	目丿	目｜
眺	眺	眺				

(바라볼 조)

なが-める

眺める 바라보다
なが

眺め 바라봄/경치
なが

チョウ

127 兆 **128** 署 **129** 罪

127 兆

兆 兆 | ノ ノ 冫 兆 兆 兆

(억조 조)
(조짐 조)
009 候

きざ-す **きざ-し**
兆し(きざし) 조짐/징조

チョウ
〜兆(ちょう) ~조
予兆(よちょう) 예조/전조
兆候(ちょうこう) 징후/징조
前兆(ぜんちょう) 전조

128 署

署 署 | 丶 冖 罒 罒 罒 罒 甲 罜 罜 罜 署 署 署

(관청 서)
338 警
419 察

ショ
署名(しょめい) 서명
消防署(しょうぼうしょ) 소방서
部署(ぶしょ) 부서
警察署(けいさつしょ) 경찰서

129 罪

罪 罪 | 丶 冖 罒 罒 罒 罜 罜 罜 罪 罪 罪 罪

(허물 죄)
289 謝
326 犯

つみ
罪(つみ) 죄

ザイ
犯罪(はんざい) 범죄
罪悪(ざいあく) 죄악
有罪(ゆうざい) 유죄
罪人(ざいにん) 죄인
謝罪(しゃざい) 사죄
無罪(むざい) 무죄

130 跡　131 踊　132 踏

跡	跡	丶	口	口	甲	显	足	足'
		趺	趺	趵	跡	跡		

あと
足跡 족적/발자취　　　傷跡 상처 자국
あしあと　　　　　　　きずあと

(발자취 적)

013 傷

セキ
追跡 추적　　　　　　遺跡 유적
ついせき　　　　　　　いせき

奇跡 기적　　　　　　奇跡的 기적적
きせき　　　　　　　　きせきてき

踊	踊	丶	口	口	甲	显	足	足
		趺	趵	踊	踊	踊	踊	

おど-る　おど-り
踊る 춤추다　　　　　踊り 춤
おど　　　　　　　　　おど

(뛸 용)

ヨウ

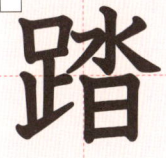

踏	踏	丶	口	口	甲	显	足	足
		趵	趺	跌	踣	踏	踏	踏

ふ-む　ふ-まえる
踏む 밟다/디디다　　　踏み台 발판
ふ　　　　　　　　　　ふ　だい

(밟을 답)

踏切 건널목　　　　　足踏み 제자리걸음
ふみきり　　　　　　　あしぶ

トウ

133 臣　134 巨　135 距

133 臣

臣 臣

｜ 一 Γ Γ՟ ՟Ε ՟Ε 臣

シン　ジン

大臣 대신/장관　　総理大臣 총리 대신
だいじん　　　　　そうり だいじん

(신하 신)

368 総

134 巨

巨 巨

｜ 一 Γ Γ՟ 巨

キョ

巨大 거대　　巨人 거인
きょだい　　　きょじん

(클 거)

135 距

距 距

｜ 口 口 口 口 ՟ 距 距 距 距 距

キョ

距離 거리　　距離感 거리감
きょり　　　　きょりかん

(떨어질 거)

164 離

136 拒 **137** 扱 **138** 及

| 拒 | 拒 | 一 | † | ‡ | ‡ | 扩 | 折 | 拒 | 拒 | **136** |

こば-む
拒む 거부하다
こば

キョ
拒否 거부　　　拒絶 거절
きょひ　　　　きょぜつ

(막을 거)
265 否
366 絶

| 扱 | 扱 | 一 | † | ‡ | ‡ | 扨 | 扱 | **137** |

あつか-う
扱う 다루다/취급하다　　取り扱う 다루다/처리하다
あつか　　　　　　　　 と あつか

(미칠 급)
(거둘 흡)

| 及 | 及 | ノ | 乃 | 及 | **138** |

およ-ぶ　およ-び　およ-ぼす
及ぶ 미치다/달하다/이르다　　及び 및
およ　　　　　　　　　　　 およ

及ぼす 미치게 하다/미치다
およ

キュウ
普及 보급　　　追及 추궁
ふきゅう　　　 ついきゅう

(미칠 급)

온라인 테스트

073-138

아래 웹사이트에 접속하여 073~138의
한자를 복습하십시오.

PC http://www.hedgroup.co.kr/JLPT/N2_Kanji/Chapter2.html

Smartphone

N2 한자
139-210

139 抑　140 印　141 批

139 抑 (누를 억)

抑 抑　一 十 扌 扩 扣 抑 抑

おさ-える
抑える 누르다/억압하다

ヨク
抑制 억제　　　抑止 억지
よくせい　　　　よくし

140 印 (도장 인)

印 印　´ 亻 ㄈ ㅌ 印 印

020 象
385 刷

しるし
印 도장　　目印 표지/표적　　矢印 화살표
しるし　　めじるし　　　　　　やじるし

イン
印鑑 인감　　　印刷 인쇄
いんかん　　　　いんさつ
印象 인상　　　印象的 인상적
いんしょう　　　いんしょうてき

141 批 (비평할 비)

批 批　一 十 扌 扌 批 批 批

ヒ
批判 비판　　　批判的 비판적
ひはん　　　　　ひはんてき
批評 비평
ひひょう

142 抜　143 抗　144 抱

142 抜

筆順: 一 † † † 扩 抜 抜

(뺄 발) 抜
122 腰
193 息

ぬ-く　ぬ-ける　ぬ-かす　ぬ-かる

抜く 뽑다/빼내다
気を抜く 긴장을 늦추다
抜ける 빠지다
腰抜け 겁쟁이/허리빠짐

息抜き 숨을 돌림
手を抜く 일을 겉날리다
抜け道 샛길

バツ

143 抗

筆順: 一 † † † 扩 扩 抗

(겨룰 항) 抗
150 抵

コウ

抵抗 저항
対抗 대항

反抗 반항
抗議 항의

144 抱

筆順: 一 † † † 扩 扣 扣 抱

(안을 포) 抱
524 辛

だ-く　いだ-く　かか-える

抱く 안다
抱える 껴안다

抱く 껴안다

ホウ

辛抱 참음
辛抱強い 참을성이 많다

145 包 146 拠 147 処

145 包

ノ ク 勹 匀 包

つつ-む
包む 싸다/포장하다
包み 보따리
小包 소포

ホウ
包帯 붕대
包装 포장
包丁 식칼

(쌀 포) 包
174 帯
322 装
420 丁

146 拠

一 寸 扌 扩 扚 扐 拠 拠

キョ **コ**
根拠 근거
証拠 증거

(근거 거) 據

147 処

ノ ク 夂 処 処

ショ
処理 처리
処分 처분
処置 처치
応急処置 응급처치
処方せん 처방전

(곳 처) 處
456 応

148 担 149 抽 150 抵

148 担

一 寸 扌 扌 扣 扣 担

(멜 담) 擔

にな-う / **かつ-ぐ**
担う 짊어지다/떠맡다
担ぐ 메다/짊어지다

タン
担当 담당
担当者 담당자
担任 담임
負担 부담

149 抽

一 寸 扌 扌 扣 抽 抽

(뽑을 추)
020 象

チュウ
抽選 추첨
抽選会 추첨회
抽象 추상
抽象的 추상적

150 抵

一 寸 扌 扌 扌 扺 抵 抵

(막을 저)
143 抗

テイ
抵抗 저항
大抵 대개/대부분

151 拝 152 招 153 拡

151 拝

拝 拝　一 亅 扌 扌̄ 扌̄ 扌̄ 拝 拝

(절배) 拜

おが-む
拝む 공손히 절하다/배려하다
おが

ハイ
拝見 배견/삼가 봄
はいけん

拝借 배차/빌림
はいしゃく

参拝 참배
さんぱい

152 招

招 招　一 亅 扌 扌̄ 扌̄ 招 招

(부를 초)
329 猫
342 状

まね-く
招く 초대하다
まね

招き猫 마네키네코
まね　ねこ

ショウ
招待 초대
しょうたい

招待状 초대장
しょうたいじょう

153 拡

拡 拡　一 亅 扌 扌̄ 扌̄ 拡 拡

(넓힐 확) 擴
334 散
365 充
380 張

カク
拡大 확대
かくだい

拡張 확장
かくちょう

拡充 확충
かくじゅう

拡散 확산
かくさん

154 挟 155 拾 156 捜

挟

(낄 협) 挟

挟 挟 | ノ | ⼁ | 扌 | 扌⼀ | 扌⼀ | 犭 | 狭 | **154**
狭

はさ-む **はさ-まる**
挟む 끼다/집다　　　　　　口を挟む 남의 말에 끼어들다
耳に挟む 언뜻 듣다　　　　挟まる 틈에 끼이다

キョウ

拾

(주울 습) 拾

拾 拾 | ー | 十 | 扌 | 扌 | 扑 | 拧 | 拾 | **155**
拾

ひろ-う
拾う 줍다　　　　　　拾い物 주운 물건

シュウ　ジュウ

捜

(찾을 수) 捜

捜 捜 | ー | 十 | 扌 | 扌 | 扌⼀ | 押 | 押 | **156**
押 捜

さが-す
捜す 찾다

ソウ
捜査 수사　　　　　　捜索 수색

157 振 158 捕 159 描

157 振 (떨칠 진) 528 舞

筆順: 一 亅 扌 扩 扩 护 拆 振 振

- ふ-る ふ-るう ふ-れる
- 振る 흔들다
- 振り込む 납입하다
- 振る舞う 행동하다
- 振り向く 돌이키다/뒤돌아 보다
- 身振り手振り 몸짓손짓

- シン

158 捕 (잡을 포)

筆順: 一 亅 扌 扩 扩 拍 拍 捕 捕

- と-る つか-まえる つか-まる と-らえる と-らわれる
- 捕る 잡다
- 捕まる 잡히다
- 捕まえる 붙잡다
- 捕らえる 잡다/붙들다

- ホ
- 逮捕 체포

159 描 (그릴 묘)

筆順: 一 亅 扌 扩 扩 拊 拑 描 描 描

- か-く えが-く
- 描く 그리다
- 描く 그림을 그리다

- ビョウ

160 採 161 捨 162 探

(캘 채) 採

採採 一 十 扌 扌 扌 扩 採 採 採 採

と-る
採る 뽑다/채집하다/채용하다

サイ
採用 채용
さいよう

採点 채점
さいてん

採集 채집
さいしゅう

採血 채혈
さいけつ

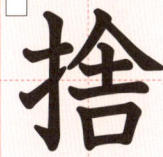

(버릴 사) 捨

捨捨 一 十 扌 扌 扒 拎 挓 捨 捨 捨 捨

す-てる
捨てる 버리다

シャ
四捨五入 사사오입
し しゃ ご にゅう

(찾을 탐) 探

探探 一 十 扌 扌 扩 扩 扣 挧 挧 挧 探

さが-す　さぐ-る
探す 찾다
さが

探る 뒤지다/탐지하다
さぐ

タン

163 推 164 離 165 掃

163 推

推 推 | 一 ナ 扌 扌 扌 扌 扩 扩 | 拃 拃 推 推

お-す
スイ

(밀 추)
056 測
342 状

推薦 추천 / 推薦状 추천장
すいせん / すいせんじょう
推定 추정 / 推測 추측
すいてい / すいそく
推論 추론
すいろん

164 離

離 離 | 丶 亠 ナ 文 亦 离 离 | 离 离 斳 斳 斳 離 離 離

はな-す はな-れる

離す 떼다 / 離れる 떨어지다
はな / はな

目が離せない 눈을 뗄 수 없다
め はな

手が離せない 손을 뗄 수 없다
て はな

リ

離婚 이혼 / 距離 거리
りこん / きょり

(떠날 리) 離
135 距

165 掃

掃 掃 | 一 ナ 扌 扌 扌 扫 扫 扫 | 扫 掃 掃

は-く

掃く 쓸다/털다
は

ソウ

(쓸 소)
050 清
099 除

清掃 청소 / 掃除 청소
せいそう / そうじ
大掃除 대청소 / 掃除機 청소기
おおそうじ / そうじき

166 掘 167 揭 168 握

(팔 굴)

| 掘 | 掘 | 一 十 扌 扩 护 护 折 挧 挧 挧 掘 | 166 |

ほ-る
掘る 파다
掘り出す 파내다/발굴하다
掘り起こす 파내다
掘り下げる 파내려 가다

クツ

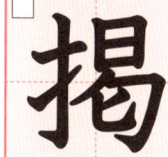

(높이 들 게) 揭
076 板
325 載

| 揭 | 揭 | 一 十 扌 扌 打 押 押 押 揭 揭 揭 | 167 |

かか-げる

ケイ
掲示 게시   掲示板 게시판
掲載 게재

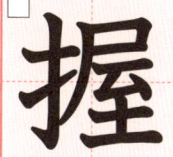

(쥘 악)

| 握 | 握 | 一 十 扌 扩 护 护 押 押 捉 捏 握 | 168 |

にぎ-る
握る 쥐다   お握り 오니기리

アク
握手 악수   把握 파악

169 換　170 提　171 援

169 換 (바꿀 환)

か-える　か-わる

換える 바꾸다
乗り換える 환승하다

カン

交換 こうかん 교환
変換 へんかん 변환
転換 てんかん 전환
気分転換 きぶんてんかん 기분전환
換気 かんき 환기

170 提 (끌 제)

さ-げる

テイ

提出 ていしゅつ 제출
提供 ていきょう 제공
提案 ていあん 제안
提示 ていじ 제시

171 援 (도울 원)援

エン

応援 おうえん 응원
声援 せいえん 성원
支援 しえん 지원
援助 えんじょ 원조

456 応

172 損 **173** 携 **174** 帯

172 損

損 損 　一 十 扌 扌' 扩 护 捐 捐 捐 捐 捐 損

そこ-ねる　そこ-なう
ソン

(덜 손)
028 得
412 害

損 손/손해
そん

損害 손해
そんがい

損得 손득
そんとく

損する 손해 보다
そん

損失 손실
そんしつ

173 携

携 携　一 十 扌 扌' 扩 扩' 扩' 护 押 挵 携 携 携

たずさ-える　たずさ-わる
携わる 관계하다/종사하다
たずさ

(이끌 휴)
174 帯

ケイ

携帯 휴대
けいたい

携帯電話 휴대전화
けいたいでんわ

174 帯

帯 帯 　一 十 丗 丗 丗 丗 丗 帯 帯

お-びる　おび

帯びる 띠다/머금다
お

帯 띠/벨트
おび

(띠 대) 帯
145 包
173 携

タイ

携帯 휴대
けいたい

温帯 온대
おんたい

熱帯 열대
ねったい

包帯 붕대
ほうたい

寒帯 한대
かんたい

地帯 지대
ちたい

175 撮 176 操 177 災

175 撮

(모을 촬)
(사진 찍을 촬)
483 影
500 盗

と-る
撮る 찍다/촬영하다

サツ
撮影 촬영 さつえい
盗撮 도촬 とうさつ

筆順: 一 † 扌 扌 扩 押 押 押 押 押 捍 捍 撮 撮

176 操

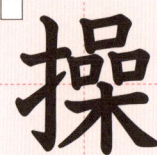

(잡을 조)

あやつ-る　みさお

ソウ
操作 조작 そうさ
体操 체조 たいそう

筆順: 一 † 扌 扌 扩 押 押 押 押 抨 捵 捵 操 操

177 災

(재앙 재)
412 害

わざわ-い

サイ
火災 화재 かさい
災害 재해 さいがい
天災 천재 てんさい
災難 재난 さいなん
防災 방재 ぼうさい
人災 인재 じんさい

筆順: く 巛 巛 巛 巛 災 災

178 炎　**179** 灯　**180** 畑

---

178 炎

炎　炎　｜　｀　｀　ソ　火　炎　炎　炎　炎

ほのお
炎 염/불꽃/불길
ほのお

エン
炎症 염증
えんしょう

鼻炎 비염
びえん

肺炎 폐렴
はいえん

胃炎 위염
いえん

(불꽃 염)
113 胃
115 鼻
461 症

---

179 灯

灯　灯　｜　｀　｀　ソ　火　火ー　灯

ひ
灯 등/등불
ひ

トウ
電灯 전등
でんとう

蛍光灯 형광등
けいこうとう

街灯 가로등
がいとう

消灯 소등
しょうとう

(등잔 등) 燈
029 街

---

180 畑

畑　畑　｜　｀　｀　ソ　火　灯　畑　畑　畑

はた　はたけ
畑 전/밭
はた

田畑 전답/논밭
たはた

畑 밭/영역
はたけ

麦畑 보리밭
むぎはたけ

畑仕事 밭일
はたけしごと

(화전 전)
529 麦

181 焼　182 煙　183 乾

181 焼 (불사를 소) 燒

焼　焼
丶 丷 少 火 灯 灯 炉 炉
烨 炸 焼 焼

や-く　や-ける
焼く 태우다/굽다
焼ける 타다/구워지다
日焼け 햇볕에 탐
夕焼け 노을

ショウ

182 煙 (연기 연) 煙
259 喫
411 突

煙　煙
丶 丷 少 火 灯 灯 炉 炉
炬 烟 烟 煙 煙

けむ-い　けむ-る　けむり
煙い 메케하다
煙 연기

エン
喫煙 끽연/흡연
禁煙 금연
煙突 굴뚝

☆ 煙草 연초/담배

183 乾 (마를 건)
077 杯
184 燥

乾　乾
一 十 十 古 古 肖 卓
卓 乾 乾

かわ-かす　かわ-く
乾かす 말리다
乾く 마르다/건조하다

カン
乾燥 건조
乾燥機 건조기
乾杯 건배
乾電池 건전지

184 燥　**185** 爆　**186** 燃

燥	燥	火	火	灯	炉	炉	炉	炉	**184**
		煊	煊	煄	煊	煠	燥		

ソウ

乾燥 건조
かんそう

乾燥機 건조기
かんそうき

(마를 조)

183 乾

爆	爆	火	火	灯	炉	炉	炉	炉	**185**
		煊	煊	煄	爆	爆	爆	爆	

バク

爆発 폭발
ばくはつ

原爆 원폭
げんばく

爆笑 폭소
ばくしょう

爆買い 폭풍 구매
ばくがい

(터질 폭)

燃	燃	'	''	小	火	灯	灼	炒	**186**
		燃	燃	燃	燃	燃	燃	燃	

も-やす　**も-える**　**も-す**

燃やす 불태우다/연소하다
も

燃える 타다
も

(불탈 연)

ネン

187 焦 188 照 189 熟

187 焦 (탈 초)

焦 焦 | ノ 亻 亻 广 什 什 隹 隹 隹 隹 焦 焦

こ-がす　こ-げる　こ-がれる　あせ-る

焦がす 태우다　　焦げる 타다
焦る 안달하다

ショウ

焦点 초점
しょうてん

188 照 (비출 조)

照 照 | 1 冂 日 日 日^刀 日刀 昭 昭 昭 照 照 照

て-らす　て-れる　て-る

照らす 밝히다/비추다

ショウ

照明 조명　　参照 참조
しょうめい　　さんしょう

対照的 대조적
たいしょうてき

189 熟 (익을 숙)

熟 熟 | ` 一 亠 宀 古 亨 亨 享 孰 孰 孰 孰 孰 熟 熟

う-れる

ジュク

未熟 미숙　　成熟 성숙
みじゅく　　せいじゅく

熟語 숙어
じゅくご

190 志 **191** 怒 **192** 恵

| 志 | 志 | 一 | 十 | 士 | 士 | 志 | 志 | 志 | **190** |

こころざ-す　こころざし
志す 뜻하다/뜻을 두다　　　志 뜻/의지

(뜻 지)
491 望

シ
意志 의지　　　志望 지망
志望校 지망교
志望動機 지망동기

| 怒 | 怒 | く | タ | 女 | 奴 | 奴 | 奴 | 怒 | **191** |
| | | 怒 | | | | | | | |

いか-る　おこ-る
怒る 성내다　　　怒る 화내다

(성낼 노)
067 激

ド
怒鳴る 호통치다　　　激怒 격노

| 恵 | 恵 | 一 | 丆 | 百 | 百 | 肖 | 甫 | 車 | 恵 | **192** |
| | | 恵 | 恵 | | | | | | | |

めぐ-む
恵む 은혜를 베풀다　　　恵み 은혜/은총
恵まれる 혜택받다

(은혜 혜) 惠

エ　ケイ
知恵 지혜　　　恩恵 은혜

193 息 194 恐 195 患

193 息 (숨쉴 식)
142 抜

筆順: 息息息息

いき
- 息 숨
- 息抜き 숨을 돌림
- ため息 한숨

ソク
- 休息 휴식

☆ 息子 아들
むすこ

194 恐 (두려울 공)
201 怖
375 縮

筆順: 恐恐恐恐

おそ-ろしい　おそ-れる
- 恐ろしい 두렵다/무섭다
- 恐れる 두려워하다
- 恐らく 아마

キョウ
- 恐怖 공포
- 恐縮 공축/죄송
- 恐竜 공룡

195 患 (근심 환)

筆順: 患患患患

わずら-う

カン
- 患者 환자

196 惑 **197** 態 **198** 恥

196 惑

惑 惑 | 一 ァ ァ 戸 甙 或 或 或 或 惑 惑

(미혹할 혹)
398 迷
469 戸

まど-う
戸惑う 어리둥절해 하다/당황하다
とまど

ワク
迷惑 성가심/민폐
めいわく

惑星 혹성
わくせい

197 態

態 態 | ' ^ 广 台 台 育 育 肯 能 能 能 態 態 態

(태도 태)
342 状

タイ
態度 태도
たいど

事態 사태
じたい

状態 상태
じょうたい

生態 생태
せいたい

198 恥

恥 恥 | 一 厂 厂 F F 耳 耳 耶 恥 恥

(부끄러울 치)

は-ずかしい **は-じる** **はじ** **は-じらう**

恥ずかしい 부끄럽다
は

恥知らず 철면피
はじし

恥 부끄러움/창피
はじ

恥をかく 창피를 당하다
はじ

チ

199 快

快 快 ｜ ｀ ｜ 忄 忄 忡 快

(쾌할 쾌)
402 適

こころよ-い
快い 상쾌하다/기분 좋다
こころよ

カイ
快適 쾌적
かいてき

快速 쾌속
かいそく

快晴 쾌청
かいせい

愉快 유쾌
ゆかい

200 怪

怪 怪 ｀ ｜ 忄 忄 怪 怪 怪 怪

(괴이할 괴)
496 我
500 盗

あや-しい　あや-しむ
怪しい 수상하다/괴이하다
あや

カイ
怪談 괴담
かいだん

怪盗 괴도
かいとう

怪物 괴물
かいぶつ

怪獣 괴수
かいじゅう

☆ 怪我 부상
けが

201 怖

怖 怖 ｀ ｜ 忄 忄 忄 怖 怖 怖

(두려워할 포)
194 恐

こわ-い
怖い 무섭다/두렵다
こわ

怖がる 무서워하다
こわ

フ
恐怖 공포
きょうふ

恐怖心 공포심
きょうふしん

202 悔 203 悩 204 慌

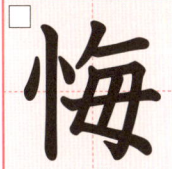

悔	悔	ノ	丶	忄	忄	忙	忙	忂	悔	202
		悔								

(뉘우칠 회)

くや-しい　く-やむ　く-いる
悔しい 분하다　　　　　　　悔やむ 후회하다/뉘우치다

カイ
後悔 후회

悩	悩	ノ	丶	忄	忄	忄	忄	忄	203
		悩	悩						

(번뇌할 뇌) 惱

なや-む　なや-ます
悩む 괴로워하다/고민하다　　　悩み 괴로움/고민

ノウ

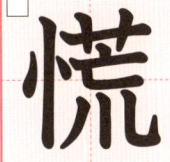

慌	慌	ノ	丶	忄	忄	忄	忄	忄	204
		忙	忙	㤀	慌				

(어리둥절할 황)

あわ-てる　あわ-ただしい
慌てる 당황하다/허둥대다　　　慌ただしい 분주하다

コウ

205 憎　206 憶　207 均

205 憎 (미울 증)

憎　憎

｀ ｀ 忄 忄 忄ﾞ 忄ﾞ 忄ﾞ 憎
憎 憎 憎 憎 憎 憎

にく-む　にく-い　にく-らしい　にく-しみ

憎む (にく) 미워하다/증오하다　　憎い (にく) 밉다

憎らしい (にく) 얄밉다　　憎しみ (にく) 미움/증오

生憎 (あいにく) 공교롭게도/때마침

ゾウ

206 憶 (생각할 억)

憶　憶

｀ ｀ 忄 忄 忄ﾞ 忄ﾞ 忄ﾞ
忄ﾞ 忄ﾞ 忄ﾞ 憶 憶 憶 憶 憶

オク

記憶 (きおく) 기억　　記憶力 (きおくりょく) 기억력

207 均 (고를 균)

均　均

一 十 土 圡 均 均 均

キン

平均 (へいきん) 평균　　平均値 (へいきんち) 평균치

平均寿命 (へいきんじゅみょう) 평균수명

208 坂 209 坊 210 城

(비탈 판)

坂 坂 | 一 十 土 圵 圹 坂 坂 | 208

さか
坂 비탈길/고개
さか

坂道 비탈길/언덕
さかみち

ハン

(동네 방)
418 寝

坊 坊 | 一 十 土 圠 圹 圫 坊 | 209

ボウ　ボッ
寝坊 늦잠
ねぼう

赤ん坊 아기
あかぼう

坊ちゃん 도련님/철부지
ぼっ

お坊さん 스님
ぼう

坊や 아기
ぼう

(재 성)

城 城 | 一 十 土 圤 圹 圻 城 城 城 | 210

しろ
城 성
しろ

ジョウ

온라인 테스트

139-210

아래 웹사이트에 접속하여 139~210의 한자를 복습하십시오.

`PC` http://www.hedgroup.co.kr/JLPT/N2_Kanji/Chapter3.html

`Smartphone`

N2 한자

211-282

211 埋 212 域 213 塔

211 埋

埋 埋
一 十 土 サ 扣 坦 坪
埋 埋

う-める **う-まる** **う-もれる**
埋める 묻다 埋まる 묻히다

マイ

(묻을 매)

212 域

域 域
一 十 土 ナ 圹 垣 垣
域 域 域

イキ
地域 지역   区域 구역
流域 유역   領域 영역

(지경 역)
252 領

213 塔

塔 塔
一 十 土 ナ 圹 圹 圹 坟
圹 圹 塔 塔

トウ
塔 탑   石塔 석탑
鉄塔 철탑

(탑 탑)

214 塩　215 境　216 壊

214 塩

塩 塩
一 十 土 𡈼 圹 圹 圹
坧 垆 塭 塩 塩

(소금 염) 鹽
524 辛

しお
塩 소금
塩味 소금 맛/짠 맛
塩辛い 짜다

エン
食塩 식염
塩分 염분

215 境

境 境
一 十 土 𡈼 圹 圹 圩
垃 垃 埣 培 培 境

(지경 경)
090 染
232 環

さかい
境 경계

キョウ　ケイ
境界 경계
環境 환경
国境 국경
環境汚染 환경오염

216 壊

壊 壊
一 十 土 𡈼 圹 圹 圩 圩
坫 坫 坯 垉 壊 壊 壊

(무너질 괴) 壞
227 破

こわ-す　こわ-れる
壊す 파괴하다/부수다
壊れる 깨지다/부서지다

カイ
破壊 파괴
破壊力 파괴력

217 至 218 塗 219 壁

217 至 (이를 지)

至 至

一 丁 エ 云 云 至

いた-る
至る 이르다/도달하다

シ
至急 지급
至高 지고/최고
大至急 대지급/몹시 급함

218 塗 (칠할 도)

塗 塗

丶 丶 シ シ 氵 氵 泠 泠
泠 泠 淦 塗 塗

ぬ-る
塗る 바르다/칠하다
塗り絵 색칠 그림
塗りつぶす 빈틈없이 모두 칠하다

ト

219 壁 (바람벽 벽)

壁 壁

フ コ ア ア 戸 启 启' 启辶
启辶 启辶 启辶 启辶 辟 辟 辟 壁

かべ
壁 벽

ヘキ

220 針 **221** 鈍 **222** 鋭

220 針

針 針 | ノ 𠂉 ⺈ 乍 㐰 仐 兯 金 金 針

(바늘 침)

はり
針 바늘
針金 철사

シン
方針 방침
指針 지침
針路 침로

221 鈍

鈍 鈍 | ノ 𠂉 ⺈ 乍 㐰 仐 兯 金 金 鈍 鈉 鈍

(둔할 둔)

にぶ-い　にぶ-る
鈍い 둔하다/무디다
鈍る 둔해지다/무디어지다

ドン

222 鋭

鋭 鋭 | ノ 𠂉 ⺈ 乍 㐰 仐 兯 金 金 釤 釤 鈍 鋭 鋭

(날카로울 예) 鋭

するど-い
鋭い 날카롭다/예리하다/예민하다

エイ

223 鉱 **224** 銅 **225** 録

223 鉱

ノ ヘ ᅩ ᅩ 乍 乍 乍 金 金' 釒 釒 鉱 鉱

コウ

鉱物 광물
こうぶつ

鉱石 광석
こうせき

金鉱 금광
きんこう

鉱業 광업
こうぎょう

鉱山 광산
こうざん

鉄鉱 철광
てっこう

(광물 광) 鑛

224 銅

ノ ヘ ᅩ ᅩ 乍 乍 乍 金 釦 釦 釦 銅 銅

ドウ

銅 동/구리
どう

銅像 동상
どうぞう

(구리 동)
019 像

225 録

ノ ヘ ᅩ ᅩ 乍 乍 乍 金 釕 釕 鈩 鈩 錄 錄 録

ロク

記録 기록
きろく

録画 녹화
ろくが

登録 등록
とうろく

録音 녹음
ろくおん

(기록할 록) 錄

226 砂 227 破 228 皮

226

砂 砂 一 ア テ 石 石 矿 砂 砂
砂

すな
砂 모래
すな
砂浜 모래사장
すなはま

サ シャ
砂糖 사탕
さとう
砂漠 사막
さばく

(모래 사)
039 浜
108 糖

227

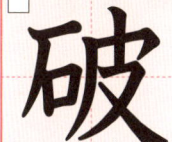

破 破 一 ア テ 石 石 矿 砂
砕 破

やぶ-る やぶ-れる
破く 찢다
やぶ
破る 깨다/깨뜨리다
やぶ

破れる 찢어지다/깨지다
やぶ

ハ
破産 파산
はさん
破片 파편
はへん

破壊 파괴
はかい
突破 돌파
とっぱ

(깨뜨릴 파)
216 壊
411 突
480 片

228

皮 皮 丿 厂 疒 皮 皮

かわ
皮 껍질/가죽
かわ
毛皮 모피
けがわ

ヒ
皮膚 피부
ひふ
皮肉 빈정거림
ひにく

(가죽 피)

229 硬 230 更 231 珍

229 硬

一	ア	イ	石	石	石゛	矿
砳	硬	硬	硬			

(굳을 경)
239 貨

かた-い
硬い 딱딱하다/단단하다

コウ
硬貨 동전

230 更

一	厂	丅	戸	甲	更	更

(고칠 경)
(다시 갱)
320 衣

さら ふ-かす ふ-ける

更に 그 위에/더욱더   今更 이제와서
夜更かし 밤늦게까지 자지 않음   更ける 깊어지다/한창이다

コウ

変更 변경   更新 갱신
更衣室 탈의실

231 珍

一	丁	干	王	珇	玪	珍
珍						

(보배 진)

めずら-しい
珍しい 드물다/희귀하다

チン

232 環　233 功　234 攻

232

環環｜王 王 玎 玗 玗 玗 瑨 瑨｜環 環 環 環 環 環

カン

循環 순환　　　　　　環境 환경
じゅんかん　　　　　　かんきょう

自然環境 자연환경
し ぜんかんきょう

環境汚染 환경오염
かんきょう お せん

(고리 환)
090 染
215 境

233

功功｜一 T 工 功 功

コウ　ク

成功 성공　　　　　　功績 공적
せいこう　　　　　　　こうせき

(공 공)
374 績

234

攻攻｜一 T 工 エ ヱ 攻 攻

せ-める

攻める 공격하다
せ

コウ

専攻 전공　　　　　　攻撃 공격
せんこう　　　　　　　こうげき

(칠 공)
347 專

235 販

販 販 | 一 ア 丫 月 目 貝 貝￣
貯 貯 販

(ハン)
販売 판매 　　　自動販売機 자동판매기
はんばい　　　　　じどうはんばいき

(팔 판)

236 貼

貼 貼 | 一 ア 丫 月 目 貝 貝
貯 貯 貼 貼

(は-る)
貼る 붙이다　　　貼り付ける 붙이다
は　　　　　　　は　つ

(チョウ)

(붙일 첩)

237 購

購 購 | 貝 貝￣ 貝￢ 貝╓ 貝╥ 貝╥ 貝╥ 賱
購 購 購

(コウ)
購入 구입　　　購買 구매
こうにゅう　　　こうばい

(구할 구)

238 贈 239 貨 240 貧

238

贈 贈 | 貝 貝' 貝'' 貝'' 貯 贈 贈
贈 贈 贈 贈

(줄 증) 贈

おく-る
贈る 주다/보내다
贈り物 선물

ゾウ　ソウ

239

貨 貨 | ノ 亻 亻 化 化 化 貨
皆 貨 貨

(재화 화)
229 硬

カ
貨物 화물
通貨 통화
硬貨 동전
外貨 외화

240

貧 貧 | ノ 八 分 分 分 谷 谷
谷 貧 貧

(가난할 빈)
241 乏

まず-しい
貧しい 가난하다

ヒン　ビン
貧困 빈곤
貧血 빈혈
貧弱 빈약
貧乏 가난함

241 乏 242 貴 243 賃

241

乏 乏 　 ノ 一 チ 乏

(모자랄 핍)
240 貧

とぼ-しい
乏しい 모자라다/부족하다
とぼ

ボウ
貧乏 가난함
びんぼう

242

貴 貴 　 丶 ㅁ 口 中 虫 虫 肀 青
　　　　　 肯 青 貴 貴

(귀할 귀)

たっと-い　たっと-ぶ　とうと-い　とうと-ぶ

キ
貴重 귀중　　　　　貴重品 귀중품
き ちょう　　　　　　き ちょうひん

貴社 귀사　　　　　貴族 귀족
き しゃ　　　　　　　き ぞく

兄貴 형님
あに き

243

賃 賃 　 ノ イ 仁 仁 任 任 任 任
　　　　　 任 任 侾 賃 賃

(품삯 임)

チン
賃貸 임대　　　　　家賃 집세
ちんたい　　　　　　や ちん

運賃 운임　　　　　電車賃 전철 요금
うんちん　　　　　　でんしゃちん

244 賞　245 賛　246 賢

244 賞

賞　賞
丶 ⺍ ⺌ ⺌ 尚 尚 尚
尚 尚 尚 尚 賞 賞 賞

ショウ

賞 상
しょう

賞金 상금
しょうきん

鑑賞 감상
かんしょう

賞味期限 유통 기한
しょう み き げん

受賞 수상
じゅしょう

賞品 상품
しょうひん

賞与 상여
しょうよ

(상줄 상)
425 与

245 賛

賛　賛
一 二 チ 夫 夫 夫 夫夫
夫夫 夫夫 夫夫 替 替 替 賛

サン

賛成 찬성
さんせい

賛同 찬동
さんどう

(도울 찬) 贊

246 賢

賢　賢
丨 厂 ｢ ｢ 臣 臣 臣
臣⺄ 臤 臤 臤 賢 賢 賢 賢

かしこ-い

賢い 현명하다/영리하다
かしこ

ケン

(어질 현)

247 頂 248 頃 249 順

247 頂

(정수리 정)

一 丁 厂 厂 厂 币 币 頂 頂 頂 頂

いただ-く　いただき

頂く 받다

チョウ

頂戴 받음　　　山頂 산 정상
ちょうだい　　　さんちょう

頂点 정점　　　頂上 정상
ちょうてん　　　ちょうじょう

248 頃

(잠깐 경)

一 ヒ ヒ ビ 圴 圴 頃 頃 頃 頃

ころ

頃 무렵　　　この頃 요 며칠
ころ　　　　　ころ

近頃 최근　　　手頃 알맞음/적당함
ちかごろ　　　てごろ

249 順

(순할 순)

454 序

丿 丿 川 川 川ˊ 川ˊ 順 順 順 順 順

ジュン

順 순서/차례　　　順々 차례차례
じゅん　　　　　じゅんじゅん

順序 순서　　　順番 순번
じゅんじょ　　　じゅんばん

順位 순위　　　順調 순조
じゅんい　　　じゅんちょう

250 頏 251 丈 252 領

250 頑

頑 頑 頑
一 二 丁 元 元 元 币 頏
頏 頏 頏 頏 頏

ガン

頑張る 분발하다
がんば

頑固 완고
がんこ

頑丈 완장/튼튼함
がんじょう

(완고할 완)
251 丈
380 張

251 丈

丈 丈
一 ナ 丈

たけ

ジョウ

頑丈 완장/튼튼함
がんじょう

丈夫 건강함/튼튼함
じょうぶ

大丈夫 괜찮음
だいじょうぶ

(어른 장)
250 頑

252 領

領 領
ノ 八 丷 今 今 今 刹
刹 刹 領 領 領 領

リョウ

領事 영사
りょうじ

大統領 대통령
だいとうりょう

領土 영토
りょうど

領土問題 영토문제
りょうどもんだい

要領 요령
ようりょう

領収書 영수증
りょうしゅうしょ

領域 영역
りょういき

(거느릴 령)
212 域
364 統

253 頼

一 ナ 市 市 吏 束 束
*束 *束 柬 柬 頼 頼 頼 頼

(의지할 뢰) 頼
007 依

たの-もしい **たの-む** **たよ-る**

頼もしい 믿음직하다
たの

頼む 부탁하다
たの

頼る 의지하다
たよ

ライ

依頼 의뢰/부탁
いらい

信頼 신뢰
しんらい

254 額

宀 宀 宀 安 客 客 客
客 客 客 額 額 額 額

(이마 액)
368 総

ひたい

額 이마
ひたい

ガク

額 액/금액/액자
がく

金額 금액
きんがく

半額 반액
はんがく

総額 총액
そうがく

255 叫

丨 冂 口 叭 叫 叫

(부르짖을 규)

さけ-ぶ

叫ぶ 외치다/부르짖다
さけ

泣き叫ぶ 울부짖다
な さけ

叫び声 큰소리로 외치는 소리
さけ ごえ

キョウ

256 吸 **257** 吹 **258** 咲

256

(마실 흡)

吸 吸 | ノ 口 口 叨 叨 吸 吸

す-う
吸う 들이마시다/마시다　　吸い込む 빨아들이다/흡수하다

キュウ
呼吸 호흡　　深呼吸 심호흡
吸収 흡수

257

(불 취)
082 桜
300 替

吹 吹 | ノ 口 口 叮 叽 吹

ふ-く
吹く 불다　　吹き替え 더빙

スイ
☆ 吹雪 눈보라　　☆ 桜吹雪 벚꽃이 지는 모양

258

(웃음 소) 咲

咲 咲 | ノ 口 口 吖 吖 吵 咲 咲

さ-く
咲く (꽃이)피다　　五分咲き 반개/꽃이 반쯤 핀 상태

259 喫 260 号 261 占

259

喫 喫

丶 ロ ロ ロ 叺 吩 吩 吩 吩 吩 喫 喫

キツ

喫煙 끽연/흡연
きつえん

喫煙所 흡연소
きつえんじょ

喫茶 끽차/차를 마심
きっさ

喫茶店 찻집/카페
きっさてん

(마실 끽)
182 煙

260

号 号

丶 ロ ロ 므 号

ゴウ

番号 번호
ばんごう

暗証番号 비밀번호/PIN번호
あんしょうばんごう

記号 기호
きごう

信号 신호
しんごう

符号 부호
ふごう

(이름 호) 號
428 符

261

占 占

丶 卜 卜 占 占

し-める うらな-う

占める 차지하다/자리 잡다
し

占う 점치다
うらな

占い 점
うらな

星座占い 별자리 점
せいざうらな

血液型占い 혈액형 점
けつえきがたうらな

セン

(차지할 점)
047 液

262 召 263 舌 264 谷

262 召 (부를 소)

フ刀刀召召

召召

め-す
召し上がる 드시다/잡수다

ショウ

263 舌 (혀 설)

⺍⼆千千舌舌

舌舌

した
舌 혀　　猫舌 고양이 혀(뜨거운 것을 잘 먹지 못하는 사람)

ゼツ

329 猫

264 谷 (골 곡)

⺍ハク父父谷谷

谷谷

たに
谷 골짜기

コク

265 否 266 含 267 哲

265 否

| 否 | 否 | 一 | ア | オ | 不 | 不 | 否 | 否 |

(아닐 부)
136 拒
281 認

いな

ヒ

否定 부정 否決 부결
ひてい ひけつ

否認 부인 拒否 거부
ひにん きょひ

266 含

| 含 | 含 | ノ | ハ | 스 | 今 | 今 | 含 | 含 |

(머금을 함)

ふく-める　ふく-む

含める 포함시키다　　含む 포함하다/함유하다
ふく　　　　　　　　　ふく

ガン

267 哲

| 哲 | 哲 | 一 | 十 | 才 | 扩 | 扩 | 折 | 折 |
| 哲 | 哲 | | | | | | | |

(밝을 철)

テツ

哲学 철학
てつがく

268 喜　269 善　270 討

268 喜 (기쁠 희)

一 十 士 吉 吉 吉 吉 直 真 真 喜

よろこ-ぶ
喜ぶ(よろこ) 즐거워하다/기뻐하다　　喜び(よろこ) 기쁨/경사
喜ばしい(よろこ) 경사스럽다/기쁘다

キ

269 善 (착할 선)

丶 丷 圡 䒑 䒑 羊 羊 羔 善 善 善

よ-い
善い(よ) 착하다

ゼン
善悪(ぜんあく) 선악　　　　改善(かいぜん) 개선
善意(ぜんい) 선의　　　　善人(ぜんにん) 선인
最善(さいぜん) 최선

270 討 (칠 토)

丶 亠 二 亖 言 言 言 討 討

う-つ
討つ(う) 토벌하다/치다

トウ
討論(とうろん) 토론　　　討論会(とうろんかい) 토론회
検討(けんとう) 검토

271 訓 / 272 訳 / 273 許

271 訓 (가르칠 훈)

クン
- 訓練 (くんれん) 훈련
- 教訓 (きょうくん) 교훈

272 訳 (번역할 역) 譯

わけ
- 訳 (わけ) 의미/이유
- 言い訳 (いわけ) 변명
- 申し訳ない (もうしわけない) 미안하다

ヤク
- 訳 (やく) 역/번역
- 訳す (やくす) 번역하다/해석하다
- 翻訳 (ほんやく) 번역
- 通訳 (つうやく) 통역

273 許 (허락할 허)

ゆる-す
- 許す (ゆるす) 허락하다/용서하다
- 心を許す (こころをゆるす) 마음을 허락하다

キョ
- 免許 (めんきょ) 면허
- 許可 (きょか) 허가

274 診 **275** 詞 **276** 詩

274

診 診 ｀ 亠 ㇴ ㇴ ㇴ ㇴ 言 言
訁 訁 診 診

み-る
診る 보다/진찰하다
　み

シン
診察 진찰　　　　　　診断 진단
しんさつ　　　　　　しんだん

健康診断 건강진단
けんこうしんだん

(볼 진)
419 察

275

詞 詞 ｀ 亠 ㇴ ㇴ ㇴ ㇴ 言 訂
訂 訂 詞 詞

シ
名詞 명사　　　　　　動詞 동사
めいし　　　　　　　とうし

助詞 조사　　　　　　形容詞 형용사
じょし　　　　　　　けいようし

歌詞 가사
かし

☆ 台詞 대사
　　せりふ

(말 사)
(글 사)

276

詩 詩 ｀ 亠 ㇴ ㇴ ㇴ ㇴ 言 言
計 詳 詳 詩 詩

シ
詩 시　　　　　　　　詩人 시인
し　　　　　　　　　しじん

(시 시)

277 詳　**278** 缶　**279** 詰

277 詳

詳　詳　｀　亠　亠　言　言　言　言　言'　言'　詳　詳　詳

(자세할 상)

くわ-しい
詳しい 상세하다/소상하다/잘 알고 있다
くわ

ショウ
詳細 상세
しょうさい

278 缶

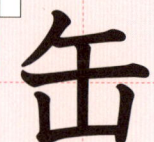

缶　缶　ノ　丶　二　午　缶　缶

(두레박 관) 罐

カン
缶 캔　　　　　　空き缶 빈 캔
かん　　　　　　　あ　かん

缶詰め 통조림
かんづ

279 詰

279 詰

詰　詰　｀　亠　亠　言　言　言　言　計　計　計　詰　詰

(꾸짖을 힐)
278 缶

つ-める　つ-まる　つ-む
詰める 채우다　　　　見詰める 응시하다/주시하다
つ　　　　　　　　　み　つ

缶詰め 통조림　　　　瓶詰め 병조림
かんづ　　　　　　　びんづ

詰まる 막히다
つ

キツ

280 誤 **281** 認 **282** 識

280 誤

誤 誤 　`、 ヽ ニ ≡ ≡ ≡ 言 言`
`言⼛ 言⼛ 言⼛ 誤 誤 誤`

あやま-る

誤る 실수하다/그르치다　　誤り 실수

ゴ

誤差 오차　　誤字 오자

誤解 오해

(그릇할 오)

281 認

認 認 　`、 ヽ ニ ≡ ≡ 言 訂`
`訒 訒 訒 認 認 認`

みと-める

認める 인정하다/인지하다

ニン

確認 확인　　承認 승인

認識 인식　　認知症 인지증/치매

(인정할 인) 認
282 識
461 症
548 承

282 識

識 識 　`言 言' 訁 訁 訁 訁 訁`
`訁 訁 識 識 識`

シキ

意識 의식　　常識 상식

知識 지식　　標識 표식

認識 인식

(알 식) 識
072 標
281 認

온라인 테스트

211-282

아래 웹사이트에 접속하여 211~282의 한자를 복습하십시오.

PC http://www.hedgroup.co.kr/JLPT/N2_Kanji/Chapter4.html

Smartphone

N2 한자

283-348

283 誘 284 誕 285 延

283 誘 (꾈 유)

353 勧

誘 誘 ` 亠 言 言 言 言 言 訁 訂 訝 誘 誘 誘

さそ-う
誘う 꾀다/권하다/초대하다   誘い 초대/권유

ユウ
勧誘 권유
かんゆう

284 誕 (태어날 탄)

誕 誕 ` 亠 言 言 言 言 言 訁 訂 証 証 誕 誕

タン
誕生 탄생   誕生日 생일
たんじょう   たんじょうび

285 延 (끌 연)

延 延 ´ 丿 千 壬 正 延 延 延

の-ばす の-びる の-べる
延ばす 연장시키다   延びる 길어지다/연장되다

エン
延長 연장   延期 연기
えんちょう   えんき

286 請 **287** 諸 **288** 誰

286

請

(청할 청)

請 請 | 、 ユ ニ ニ ニ 言 言
請 請 請 請 請 請 請

こ-う　う-ける
セイ　シン

申請 신청　　　　　　申請書 신청서
しんせい　　　　　　　しんせいしょ

請求 청구　　　　　　請求書 청구서
せいきゅう　　　　　　せいきゅうしょ

287

諸

(모두 제)

諸 諸 | 、 ユ ニ ニ ニ 言 言
計 計 訝 諸 諸 諸

ショ

諸君 제군/여러분　　　諸国 제국/여러 나라
しょくん　　　　　　　しょこく

288

誰

(누구 수)

誰 誰 | 、 ユ ニ ニ ニ 言 言
訂 訂' 訐 訐 誰 誰

だれ

誰 누구　　　　　　　誰か 누군가
だれ　　　　　　　　　だれ

289 謝 290 講 291 看

289 謝

謝 謝 | 言 言 訁 訃 訶 訶 諭 諭 謝 謝

あやま-る
謝る 사과하다
あやま

シャ
感謝 감사
かんしゃ
謝罪 사죄
しゃざい

(사례할 사)
129 罪

290 講

講 講 | 言 言 訁 計 詳 詳 詳 講 講 講

コウ
講座 강좌
こうざ
講演 강연
こうえん
開講 개강
かいこう
受講 수강
じゅこう

講義 강의
こうぎ
講師 강사
こうし
休講 휴강
きゅうこう

(익힐 강)
061 演
497 義

291 看

看 看 | 一 二 三 チ 手 看 看 看

カン
看護 간호
かんご
看病 간병
かんびょう

看護師 간호사
かんごし
看板 간판
かんばん

(볼 간)
076 板
292 護

292 護　293 譲　294 昨

292 護

護　護　言 言 計 誰 誰 誰 誰
譁 護 護 護 護 護

ゴ

看護 간호
介護 개호
保護 보호

看護師 간호사
介護士 개호사
保護者 보호자

(보호할 호)
291 看
546 士

293 譲

譲　譲　言 言 計 誰 誰 誰 誰
譁 譁 譲 譲 譲 譲

ゆず-る

譲る 양보하다

ジョウ

(사양할 양) 讓

294 昨

昨　昨　丨 冂 日 日 旷 旷 昨 昨

サク

昨日 어제
一昨年 재작년

一昨日 그저께

☆ 昨日 어제
☆ 一昨年 재작년

☆ 一昨日 그저께

(어제 작)

295 晩　296 暇　297 昇

295 晩 (늦을 만)

晩 晩 | 丨 冂 冂 日 日' 日'' 晔 晔 晔 晔 晚 晩

バン
- 今晩 (こんばん) 오늘 밤
- 毎晩 (まいばん) 매일 밤
- 朝晩 (あさばん) 아침저녁
- 晩ご飯 (ばんごはん) 저녁 식사

296 暇 (틈 가)　395 余

暇 暇 | 丨 冂 冂 日 日' 日'' 昒 昒 昒 昒 暇 暇

ひま
- 暇 (ひま) 틈/짬/한가한 상태
- 暇つぶし (ひま) 심심풀이

カ
- 休暇 (きゅうか) 휴가
- 余暇 (よか) 여가

297 昇 (오를 승)

昇 昇 | 丨 冂 日 日 尸 尹 昇 昇

のぼ-る
- 昇る (のぼ) 높이 올라가다/지위가 오르다

ショウ
- 上昇 (じょうしょう) 상승
- 昇進 (しょうしん) 승진
- 昇給 (しょうきゅう) 승급

298 暴　299 曇　300 替

298 暴

(사나울 폭) 暴
391 乱

筆順: 丶 口 日 目 旦 早 昇 昱 昊 畀 昦 昦 昦 昦 暴

あば-く　あば-れる
暴く あばく 파헤치다/폭로하다
暴れる あばれる 난폭하게 굴다

ボウ　バク
乱暴 らんぼう 난폭
暴力 ぼうりょく 폭력

299 曇

(흐릴 담)

筆順: 丶 口 日 目 旦 昌 昌 昌 昌 昌 昜 曇 曇

くも-る
曇る くもる 흐리다/흐려지다
曇り くもり 흐림

ドン

300 替

(바꿀 체)

筆順: 一 二 チ 夫 夫 夫 夫 夫 扶 替 替 替

か-える　か-わる
替える かえる 바꾸다/교환하다
両替 りょうがえ 환전
替わる かわる 바뀌다
日替わり ひがわり 매일 바뀜

タイ
交替 こうたい 교체
代替 だいたい 대체

☆ 為替 かわせ 환율

301 零 302 雷 303 需

301 零 (영 령)

レイ

零 영(0)
れい

零時 0시
れいじ

零下 영하
れいか

零点 0점
れいてん

302 雷 (우레 뇌)

かみなり

雷 천둥
かみなり

ライ

落雷 낙뢰
らくらい

地雷 지뢰
じらい

雷雨 뇌우
らいう

303 需 (구할 수)

ジュ

必需 필수
ひつじゅ

需要 수요
じゅよう

必需品 필수품
ひつじゅひん

304 孤　305 孫　306 系

304 孤

孤　孤　孤
`｀ 了 孑 孑 孤 孤 孤 孤`

コ
孤独 고독
こどく
孤立 고립
こりつ
孤児 고아
こじ

(외로울 고)
327 独
488 児

---

305 孫

孫　孫　孫
`｀ 了 孑 孑 孖 孫 孫 孫`
孫　孫

まご
孫 손자
まご

(손자 손)
ソン
子孫 자손
しそん

---

306 系

系　系　系
`｀ ｀ 〒 互 互 至 系 系`

ケイ
系統 계통　　　　　体系 체계
けいとう　　　　　　たいけい
文系 문과　　　　　理系 이과
ぶんけい　　　　　　りけい
家系 가계　　　　　生態系 생태계
かけい　　　　　　せいたいけい

(이을 계)
197 態
364 統

307 姓　308 娘　309 嫌

307 姓

姓 姓 | く ㄠ 女 女' 女＋ 女牛 姓 姓

セイ **ショウ**

姓 성
せい

旧姓 구성
きゅうせい

姓名 성명
せいめい

改姓 개성
かいせい

(성씨 성)
487 旧

308 娘

娘 娘 | く ㄠ 女 女' 女＋ 女㇉ 女㇉ 如
娘 娘

むすめ

娘 딸
むすめ

一人娘 외동딸
ひとりむすめ

(아가씨 낭)

309 嫌

嫌 嫌 | く ㄠ 女 女' 女＇ 女＋ 女＋ 女㇉
女㇉ 女兼 女兼 嫌 嫌

きら-う **いや**

嫌う 싫어하다
きら

嫌 싫음/하고 싶지 않음
いや

嫌がる 싫어하다
いや

嫌い 싫음
きら

嫌味 아니꼬움
いやみ

嫌がらせ 짓궂은 짓
いや

ケン **ゲン**

機嫌 기분
きげん

(싫어할 혐) 嫌

310 委 **311** 姿 **312** 祈

| 委 | 委 | ノ | 二 | 千 | 千 | 禾 | 禾 | 委 | 委 | **310** |

ゆだ-ねる

イ

委員 위원　　委員会 위원회
いいん　　　　　いいんかい

委任 위임
いにん

(맡길 위)

| 姿 | 姿 | 丶 | 冫 | 冫 | 次 | 次 | 次 | 姿 | | **311** |
| | | 姿 | | | | | | | | |

すがた

姿 모양/모습/상태　　後ろ姿 뒷모습
すがた　　　　　　　うし すがた

シ

姿勢 자세　　容姿 용자/얼굴 모양과 몸매
しせい　　　　ようし

(맵시 자)
513 勢

| 祈 | 祈 | 丶 | ラ | ネ | ネ | ネ | 礻 | 祈 | 祈 | **312** |

いの-る

祈る 빌다/기도하다　　祈り 기도
いの　　　　　　　　いの

キ

(빌 기) 祈

313 祝 314 祖 315 視

313 祝 (질 축)

祝 祝 ｀ ラ ネ ネ ネ ネ 祉 祝

いわ-う
祝う 축하하다/축복하다
お祝い 축하

シュク / シュウ
祝日 축일/국경일

314 祖 (조상 조)

祖 祖 ｀ ラ ネ ネ ネ 初 祖 祖

ソ
先祖 선조
祖先 조상
祖父 조부/할아버지
祖母 조모/할머니
祖父母 조부모

315 視 (볼 시)

視 視 ｀ ラ ネ ネ ネ 初 祖 祖 視

(불 시) 視
419 察

シ
重視 중시
無視 무시
視野 시야
視線 시선
視覚 시각
視力 시력
視察 시찰

316 福　**317** 祉　**318** 被

316 福

福　福
` ｀ ｜ フ ｜ ﾌ ｜ ネ ｜ ﾈ ｜ ﾈﾞ ｜ 祠 `
` 祠 ｜ 福 ｜ 福 ｜ 福 ｜ 福 `

フク
幸福 행복
こうふく

福祉 복지
ふくし

(복 복) 福
317 祉

317 祉

祉　祉
` ｀ ｜ フ ｜ ﾌ ｜ ネ ｜ ﾈ ｜ ﾈﾞ ｜ 祉 `

シ
福祉 복지
ふくし

(복 지) 祉
316 福

318 被

被　被
` ｀ ｜ フ ｜ ﾌ ｜ ネ ｜ ﾈ ｜ ﾈﾞ ｜ 初 `
` 被 ｜ 被 `

かぶ-る　**かぶ-せる**　**こうむ-る**
被る 쓰다/뒤집어쓰다
かぶ

被せる 입히다/싸다
かぶ

ヒ
被害 피해
ひがい

被害者 피해자
ひがいしゃ

(입을 피)
412 害

319 補 **320** 衣 **321** 袋

319 補

`ネ ネ ネ ネ ネ ネ ネ
ネ ネ 補 補

おぎな-う
補う 보충하다

ホ
候補 후보　　　　　補習 보습
補充 보충　　　　　補足 보족/보충
補給 보급

(도울 보)
009 候
365 充

320 衣

`一 ナ ナ ヤ 衣

ころも

イ
衣装 의장　　　　衣服 의복
衣類 의류　　　　衣食住 의식주

☆ 浴衣 유카타

(옷 의)
060 浴
322 装

321 袋

ノ イ 亻 代 代 代 伐 ヴ
ヴ 垈 袋

ふくろ
袋 자루/봉투　　　　手袋 장갑
紙袋 종이 봉투　　　レジ袋 비닐 봉투
ごみ袋 쓰레기 봉투

タイ

(자루 대)

322 裝　323 裏　324 裁

322 装

(꾸밀 장) 裝
- 145 包
- 320 衣

筆順: 丨 丬 𠀃 丬一 丬十 壯 壯 壯 𦍌 𦍌 裝 装

よそお-う

ソウ　ショウ

装置 장치　　包装 포장　　服装 복장
そうち　　　ほうそう　　　ふくそう

衣装 의장
いしょう

323 裏

(속 리) 裏

筆順: 丶 亠 广 亠 亩 亩 亩 审 重 東 亯 裏 裏

うら

裏 안쪽/속　　　裏口 뒷문
うら　　　　　うらぐち

裏道 뒷길　　　裏切る 배신하다/배반하다
うらみち　　　　うらぎ

裏返す 뒤집다
うらがえ

リ

324 裁

(마를 재)
- 410 官

筆順: 一 十 土 圡 𡈽 ᄼ 𡈽 ᄼ 𡈽 ᄼ 裁 裁

た-つ　さば-く

サイ

裁判 재판　　　裁判所 재판소
さいばん　　　さいばんしょ

裁判官 재판관　　裁縫 재봉
さいばんかん　　さいほう

325 載 326 犯 327 独

325 載

載載 | 一 十 十 土 吉 青 青 言
亘 車 軟 載 載

の-せる **の-る**
載せる 얹다/게재하다
載る 놓이다/얹히다/실리다

(실을 재)
167 掲

サイ
掲載 게재 けいさい
連載 연재 れんさい

326 犯

犯犯 | ノ ノ 犭 犭 犯

おか-す
犯す 범하다/저지르다

(범할 범)
129 罪

ハン
犯罪 범죄 はんざい
犯人 범인 はんにん
防犯 방범 ぼうはん

327 独

独独 | ノ ノ 犭 犭 犭 犴 独
独

ひと-り
独り 혼자 ひと
独り言 혼잣말/독백 ひと ごと

(홀로 독) 獨
304 孤

ドク
独身 독신 どくしん
独特 독특 どくとく
独立 독립 どくりつ
孤独 고독 こどく

328 狭　329 猫　330 帳

328 狭

| ノ | ノ | 犭 | 犭一 | 犭一 | 犭丆 | 狆 | 狭 |
| 狭 | | | | | | | |

せま-い　せば-める　せば-まる

狭い 좁다
せま

キョウ

(좁을 협) 狭

329 猫

| ノ | ノ | 犭 | 犭一 | 犭丆 | 犭田 | 犭田 | 猫 |
| 猫 | 猫 | 猫 | | | | | |

ねこ

猫 고양이　　猫舌 고양이 혀(뜨거운 것을 잘 먹지 못하는 사람)
ねこ　　　　ねこじた

ビョウ

(고양이 묘)

263 舌

330 帳

| ｜ | 口 | 巾 | 巾丨 | 巾丆 | 巾┌ | 巾┌ |
| 帳 | 帳 | 帳 | | | | |

チョウ

通帳 통장　　　手帳 수첩
つうちょう　　てちょう

(장막 장)

331 幅 **332** 帽 **333** 救

331 幅 (폭 폭)

幅 幅 | ノ 冂 巾 巾⁻ 巾⁻ 巾⁻ 巾⁻
幅 幅 幅 幅

はば
幅 폭
はば

大幅 대폭
おおはば

フク

332 帽 (모자 모)

帽 帽 | ノ 冂 巾 巾⁻ 巾⁻ 巾⁻ 巾⁻
帽 帽 帽 帽

ボウ
帽子 모자
ぼうし

333 救 (구원할 구)

171 援

救 救 | 一 十 寸 寸 求 求 求
求 求 救

すく-う
救う 구하다/구원하다/살리다
すく

キュウ
救助 구조
きゅうじょ

救援 구원
きゅうえん

救急 구급
きゅうきゅう

救急車 구급차
きゅうきゅうしゃ

334 散　335 匹　336 敵

334 散 (흩을 산)

筆順: 一 十 廿 卄 甘 甘 甘 甘 背 背 散 散

ち-らす　ち-る　ち-らかす　ち-らかる

散らす 흩뜨리다/어지르다　散る 흩어지다/떨어지다

散らかす 흩뜨리다/어지르다　散らかる 흩어지다/어지러지다

サン

散歩 산보/산책　　解散 해산
さんぽ　　　　　　かいさん

335 匹 (짝 필)

336 敵

筆順: 一 丆 兀 匹

ひき

〜匹 ~마리
ひき

ヒツ

匹敵 필적
ひってき

336 敵 (원수 적)

335 匹
378 素

筆順: ノ 亠 亠 产 产 产 商 商 商 商 啇 敵 敵

かたき

テキ

敵 적　　　　　　素敵 매우 근사함
てき　　　　　　 すてき

匹敵 필적
ひってき

337 敬 338 警 339 驚

337 敬

| 一 | 十 | サ | 产 | 芍 | 芍 | 苟 | 苟 |
| 苟 | 苟 | 敬 | 敬 | | | | |

(공경할 경)
348 尊

うやま-う
敬う 존경하다
うやま

ケイ
敬語 경어
けい ご

敬意 경의
けい い

敬老 경로
けい ろう

尊敬 존경
そん けい

338 警

| サ | 苟 | 苟′ | 苟ヶ | 苟ヶ | 敬 | 敬 | 敬 |
| 警 | 警 | 警 | 警 | 警 | | | |

(경계할 경)
410 官
419 察

ケイ
警備 경비
けい び

警察 경찰
けい さつ

警告 경고
けい こく

警備員 경비원
けい び いん

警官 경관
けい かん

339 驚

| サ | 苟 | 苟′ | 苟ヶ | 苟ヶ | 敬 | 敬 | 敬 |
| 驚 | 驚 | 驚 | 驚 | 驚 | 驚 | 驚 | |

おどろ-かす **おどろ-く**
驚かす 놀라게 하다
おどろ

驚く 놀라다
おどろ

(놀랄 경)
キョウ

340 駐 **341** 騒 **342** 状

340

駐

駐	駐	丨	厂	丆	厈	馬	馬	馬	馬
		馬	馬	馬`	馬-	馬丶	駐	駐	

(말 머물 주)

チュウ

駐車 주차
ちゅうしゃ

駐車場 주차장
ちゅうしゃじょう

駐車禁止 주차금지
ちゅうしゃきんし

駐車違反 주차위반
ちゅうしゃいはん

341

騒

騒	騒	丨	厂	丆	厈	馬	馬	馬	馬
		馬	馬	騒	騒	騒	騒	騒	

(떠들 소) 騒

さわ-ぐ

騒ぐ 떠들다/시끄러워지다
さわ

騒がしい 시끄럽다/소란하다
さわ

ソウ

物騒 어수선함
ぶっそう

騒音 소음
そうおん

騒々しい 시끄럽다/떠들썩하다
そうぞう

342

状

状	状	丨	丶	丬	丬-	爿	状	状

(형상 상) 状
(문서 장)

035 況
152 招
197 態
461 症

ジョウ

状況 상황
じょうきょう

状態 상태
じょうたい

現状 현상
げんじょう

症状 증상
しょうじょう

招待状 초대장
しょうたいじょう

年賀状 연하장
ねんがじょう

343 将　344 寸　345 封

343 将

将 将

丨 丬 丬 扩 扩 扩 抖
将 将

ショウ

将来 장래
しょうらい

将棋 장기
しょうぎ

(장차 장) 将

344 寸

寸 寸

一 寸 寸

スン

寸法 길이/치수/척도
すんぽう

寸前 직전/바로 앞
すんぜん

(마디 촌)

345 封

封 封

一 十 土 圡 圭 圭 封
封

フウ **ホウ**

封筒 봉투
ふうとう

開封 개봉
かいふう

封印 봉인
ふういん

(봉할 봉)
140 印
432 筒

346 射 **347** 専 **348** 尊

346

射 射 ′ ィ ή ή 自 身 身
射 射

い-る
シャ

発射 발사　　反射 반사
はっしゃ　　　　　はんしゃ

注射 주사　　射撃 사격
ちゅうしゃ　　　　しゃげき

射
(쏠 사)

347

専 専 一 ㄷ ㄜ 亘 亘 由 東 専
専

もっぱら
セン

専属 전속　　専念 전념
せんぞく　　　　せんねん

専制 전제　　専攻 전공
せんせい　　　　せんこう

専門 전문　　専門家 전문가
せんもん　　　　せんもん か

専
(오로지 전) 專
234 攻
467 属

348

尊 尊 ′ ″ 兴 广 广 竻 首 首
酋 酋 尊 尊

とうと-い　とうと-ぶ　たっと-い　たっと-ぶ
ソン

尊敬 존경　　尊重 존중
そんけい　　　　そんちょう

尊
(높을 존) 尊
337 敬

온라인 테스트

283-348

아래 웹사이트에 접속하여 283~348의
한자를 복습하십시오.

PC http://www.hedgroup.co.kr/JLPT/N2_Kanji/Chapter5.html

Smartphone

N2 한자

349-420

349 導　350 欧　351 欲

349 導

導 導
丶 丶 гゝ 台 产 肖 首
首 首 渞 道 道 導 導

みちび-く
導く 인도하다/이끌다/안내하다
みちび

ドウ
指導 지도　　　　　　導入 도입
しどう　　　　　　　どうにゅう

(인도할 도) 導

350 欧

欧 欧
一 フ ヌ 区 区 欧 欧

オウ
欧米 구미/서양　　　　欧州 구주/유럽
おうべい　　　　　　おうしゅう
欧風 구라파풍/유럽식
おうふう

(토할 구) 歐
544 州

351 欲

欲 欲
ノ ハ ケ ケ 公 谷 谷
谷 谷 欲

ほ-しい　ほっ-する
欲しい 하고 싶다/탐나다/바라다
ほ

ヨク
欲張り 욕심쟁이　　　欲望 욕망
よくば　　　　　　　よくぼう
意欲 의욕　　　　　　食欲 식욕
いよく　　　　　　　しょくよく

(바랄 욕)
380 張
491 望

352 歓 353 勧 354 幼

352 歓

歓 歓
丿 ㇉ 二 チ 午 年 秊
秊 秊 隺 雈 勧 歓

カン
歓迎 환영 歓迎会 환영회
かんげい かんげいかい

(기뻐할 환) 歡

353 勧

勧 勧
丿 ㇉ 二 チ 午 年 秊
秊 雈 勧 勧

すす-める
勧める 권하다
すす

(권할 권) 勸
283 誘

カン
勧誘 권유 勧告 권고
かんゆう かんこく

354 幼

幼 幼
く 幺 幺 幻 幼

おさな-い
幼い 어리다/미숙하다 幼なじみ 소꿉친구
おさな おさな

(어릴 유)
488 児

ヨウ
幼稚 유치 幼稚園 유치원
ようち ようちえん

幼児 유아
ようじ

355 軒

軒 軒

一	厂	冖	冇	亘	車	車
軒	軒					

のき
軒並み (のきなみ) 집집이/일제히/모두

ケン
一軒家 (いっけんや) 단독주택/외딴집

(집 헌)

356 軟

軟 軟

一	厂	冖	冇	亘	車	車
軒	軟	軟				

やわ-らかい / やわ-らか
軟らかい (やわ) 연하다/온화하다
軟らか (やわ) 부드러운/온화한

ナン
柔軟 (じゅうなん) 유연
軟弱 (なんじゃく) 연약

(연할 연)
091 柔

357 較

較 較

一	厂	冖	冇	亘	車	車
軒	軋	軡	軨	較		

カク
比較 (ひかく) 비교
比較的 (ひかくてき) 비교적

(비교할 교)

358 輪　359 輩　360 紅

358 輪 (바퀴 륜)

一 ｢ 币 盲 車 車 軒 軒 軡 軡 輪 輪 輪 輪

わ
輪 고리/원형　　指輪 ゆびわ 반지
結婚指輪 けっこんゆびわ 결혼반지

リン
車輪 しゃりん 차바퀴

359 輩 (무리 배)
496 我

丿 ｚ ョ ヨ 扌丨 扌丨 扌丨 扌丨 扌丨 扌日 扌日 輩

ハイ
先輩 せんぱい 선배　　後輩 こうはい 후배
我が輩 わがはい 나/본인

360 紅 (붉을 홍)

く ｚ ｚ 糸 糸 糸 紅 紅

べに　くれない
口紅 くちべに 립스틱

コウ　ク
紅茶 こうちゃ 홍차　　紅葉 こうよう 단풍

☆ 紅葉 もみじ 단풍

361 緑 362 納 363 純

361 緑

（푸를 록）緑

みどり
緑 녹색/초록

リョク ロク
緑茶 녹차
緑地 녹지

362 納

（들일 납）
028 得
492 豆

おさ-める　おさ-まる
納める 바치다/납입하다
納まる 걷히다/납입되다

ノウ ナッ ナ ナン トウ
収納 수납
納得 납득
納豆 낫토

363 純

（순수할 순）

ジュン
純情 순정
単純 단순
純粋 순수

364 統　365 充　366 絶

統 (거느릴 통)
252 領
306 系

統 | 統 | く | 纟 | 纟 | 糸 | 糸 | 糸' | 紣
紣 | 紣 | 紤 | 統 | | | | |

す-べる
トウ

系統 けいとう 계통
統計 とうけい 통계
大統領 だいとうりょう 대통령

伝統 でんとう 전통
統一 とういつ 통일

充 (가득할 충)
153 拡
319 補

充 | 充 | ` | 亠 | 亡 | 云 | 产 | 充

あ-てる
ジュウ

充電 じゅうでん 충전
補充 ほじゅう 보충
充実 じゅうじつ 충실

充満 じゅうまん 충만
拡充 かくじゅう 확충
充実感 じゅうじつかん 충실감

絶 (끊을 절)
396 途
491 望

絶 | 絶 | く | 纟 | 纟 | 糸 | 糸 | 糸' | 紣
絽 | 紤 | 絽 | 絶 | | | | |

た-える　**た-やす**　**た-つ**

絶える 끊어지다/끝나다
絶えず 늘/끊임없이

途絶える 끊어지다/두절되다

ゼツ

絶対 ぜったい 절대
絶望 ぜつぼう 절망

絶滅 ぜつめつ 절멸
絶望感 ぜつぼうかん 절망감

367 継 368 総 369 綿

367 継

く	纟	幺	午	糸	糸	糸'
糺	絆	絆	縒	継		

(이을 계) 繼

つ-ぐ

継ぐ 잇다/계승하다/상속하다　　受け継ぐ 계승하다/물려받다

引き継ぐ 인수하다/계승하다

ケイ

継続 계속　　中継 중계
けいぞく　　　ちゅうけい

368 総

く	纟	幺	午	糸	糸'	糺
総	絵	絵	総	総	総	

(거느릴 총) 總

133 臣
254 額

ソウ

総数 총수　　総額 총액
そうすう　　　そうがく

総員 총원　　総理大臣 총리대신
そういん　　　そうりだいじん

369 綿

く	纟	幺	午	糸	糸'	糺
紵	紵	綿	綿	綿	綿	

(솜 면)

084 棒

わた

綿 목화/솜
わた

メン

木綿 무명/면직물/솜　　綿棒 면봉
もめん　　　　　　　　めんぼう

370 緒 **371** 締 **372** 編

370 緒 (실마리 서)

筆順: く 纟 幺 幺 糸 糸 糺 紈 紑 紑 緒 緒 緒

お

ショ / チョ

一緒 함께 함
いっしょ

内緒 내밀/비밀
ないしょ

371 締 (맺을 체)

筆順: く 纟 幺 幺 糸 糸 紒 紒 紵 紵 紵 紵 締 締

し-める / し-まる

締める 죄다/매다
し

締め切る 마감하다
し き

締め切り 마감
し き

締まる 죄이다
し

取り締まる 단속하다
と し

取締役 중역/이사
とりしまりやく

テイ

372 編 (엮을 편)

筆順: く 纟 幺 幺 糸 糸 紒 紒 絎 絹 絹 編 編

あ-む

編む 엮다/짜다
あ

編み物 뜨개질
あ もの

ヘン

編集 편집
へんしゅう

編集者 편집자
へんしゅうしゃ

長編 장편
ちょうへん

短編 단편
たんぺん

373 緩 374 績 375 縮

373 緩 (느슨할 완)

緩 緩

く ㄠ 幺 乡 糸 紆 紓 絆 紓 絽 綏 緩

ゆる-い **ゆる-やか** **ゆる-める** **ゆる-む**

緩い (ゆる) 느슨하다/헐겁다　　緩やか (ゆる) 완만함/느슨함

カン

374 績 (길쌈할 적)

233 功

績 績

糸 糸⁻ 糸⁺ 絆 絴 綪 綪 綪 綪 績 績

セキ

成績 (せいせき) 성적　　　　功績 (こうせき) 공적

業績 (ぎょうせき) 업적

実績 (じっせき) 실적

375 縮 (오그라들 축)

194 恐
449 圧

縮 縮

糸 糸' 糸' 紆 紵 紵 紵 紵 綰 縮 縮

ちぢ-む **ちぢ-める** **ちぢ-まる** **ちぢ-らす** **ちぢ-れる**

縮む (ちぢ) 줄어들다/오그라들다　　縮める (ちぢ) 줄이다/움츠리다

縮まる (ちぢ) 오그라들다

シュク

恐縮 (きょうしゅく) 공축/죄송　　縮小 (しゅくしょう) 축소

圧縮 (あっしゅく) 압축　　　　　短縮 (たんしゅく) 단축

376 織 **377** 繰 **378** 素

織

織	織	糸	糸'	糸‵	糸²	紵	綒	綍
綍	綍	織	織	織				

お-る
シキ　ショク

組織 조직
そしき

(짤 직)

繰

繰	繰	糸	糸'	糹	紵	紵	綒	綒
綒	綒	綒	綒	繰	繰			

く-る

繰り返す 반복하다/되풀이하다
く　かえ

(고치 켤 소) 纖

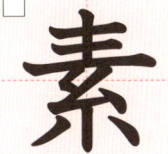

素

一	十	圭	主	丰	圭	恚	耋
素	素						

ソ　ス

質素 질소/검소　　素質 소질　　酸素 산소
しっそ　　　　　そしつ　　　　さんそ

要素 요소　　　　素敵 매우 근사함　素直 솔직함
ようそ　　　　　すてき　　　　　すなお

素晴らしい 훌륭하다/근사하다
すば

☆ 素人 아마추어
しろうと

(본디 소)
336 敵

379 緊　380 張　381 干

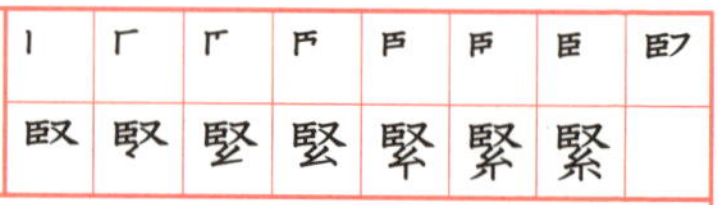

379 緊

筆順: 丨 厂 臣 臣 臣 臣7 臤 臤 堅 堅 堅 緊 緊

キン

緊張 きんちょう 긴장　　緊急 きんきゅう 긴급

(팽팽할 긴)
380 張

380 張

筆順: ㄱ 弓 弓 引 引 引 弘 弧 張 張

は-る

張る 뻗다/펴다　　頑張る 분발하다
は　　　　　　　　　　がん ば

威張る 뽐내다/으스대다　　欲張り 욕심
い ば　　　　　　　　　　　よくば

チョウ

出張 출장　　主張 주장
しゅっちょう　　しゅちょう

緊張 긴장　　拡張 확장
きんちょう　　かくちょう

(베풀 장)
153 拡
250 頑
351 欲
379 緊

381 干

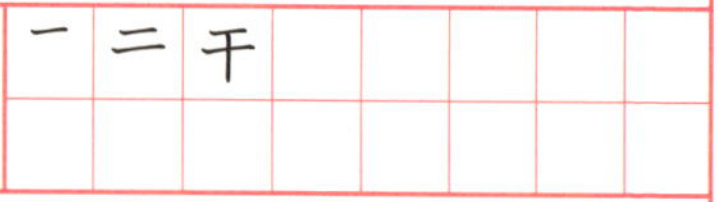

筆順: 一 二 干

ほ-す　ひ-る

干す 말리다　　干し物 건어물/말린 것
ほ　　　　　　　ほ もの

梅干し 우메보시
うめ ぼ

カン

(마를 건)

382 刊　**383** 列　**384** 到

382

□ 刊 (책 펴낼 간)

刊　刊　一　二　千　刋　刊

カン

- 新刊 신간 / しんかん
- 夕刊 석간 / ゆうかん
- 月刊誌 월간지 / げっかんし
- 朝刊 조간 / ちょうかん
- 週刊誌 주간지 / しゅうかんし

383

□ 列 (벌릴 열)

列　列　一　丆　歹　歺　列

レツ

- 列 열/줄 / れつ
- 列車 열차 / れっしゃ
- 日本列島 일본 열도 / にっぽんれっとう
- 行列 행렬 / ぎょうれつ
- 列島 열도 / れっとう

384

□ 到 (이를 도)

到　到　一　厶　至　至　至　到　到

トウ

- 到着 도착 / とうちゃく
- 到達 도달 / とうたつ

401 達

173

385 刷　386 刻　387 刺

385 刷 (인쇄할 쇄)
140 印

刷 刷　｜ ｜ ｜ ｜ ｜ ｜ ｜

す-る
刷る(す) 찍다/인쇄하다

サツ
印刷(いんさつ) 인쇄

386 刻 (새길 각)

刻 刻　｜ ｜ ｜ ｜ ｜ ｜ ｜

きざ-む
刻む(きざ) 새기다

コク
遅刻(ちこく) 지각　　時刻(じこく) 시각/시간
彫刻(ちょうこく) 조각　　深刻(しんこく) 심각

387 刺 (찌를 자)
067 激

刺 刺　｜ ｜ ｜ ｜ ｜ ｜ ｜

さ-す　さ-さる
刺す(さ) 찌르다　　刺身(さしみ) 사시미
刺さる(さ) 박히다/꽂히다/찔리다

シ
名刺(めいし) 명함　　刺激(しげき) 자극
刺激的(しげきてき) 자극적

388 削 **389** 副 **390** 劇

388

削 削 | ゝ ソ メ 汁 肖 肖 肖
削

けず-る
削る 깎다
けず

(깎을 삭) 削
048 添
099 除

サク
削除 삭제
さくじょ

添削 첨삭
てんさく

削減 삭감
さくげん

389

副 副 | 一 ｢ 戸 豆 픔 픔 畐
畐 副 副

フク
副作用 부작용
ふくさよう

副社長 부사장
ふくしゃちょう

(버금 부)
275 詞

副業 부업
ふくぎょう

副詞 부사
ふくし

390

劇 劇 | ヽ ｢ 广 广 广 卢 卢 虍
虍 虍 虖 豦 豦 劇

ゲキ
劇場 극장
げきじょう

演劇 연극
えんげき

(심할 극)
061 演
268 喜

喜劇 희극
きげき

悲劇 비극
ひげき

175

391 乱　392 乳　393 全

391 乱

乱 乱　ノ　ニ　千　千　舌　舌　乱

みだ-す　みだ-れる
乱す 어지럽히다/혼란시키다　　乱れる 어지러워지다/혼란해지다

(어지러울 란) 亂
049 混
298 暴

ラン
混乱 혼란　　乱暴 난폭

392 乳

乳 乳　ノ　ⸯ　ⸯ　ㅁ　쯔　쭈　쭈　乳

ちち　ち

ニュウ
牛乳 우유　　乳製品 유제품

(젖 유) 乳
488 児
乳児 유아

393 全

全 全　ノ　ヘ　𠆢　仐　仐　全

まった-く　すべ-て
全く 완전히　　全て 전부

(온전할 전)

ゼン
全部 전부　　全力 전력
全員 전원　　全国 전국
完全 완전　　安全 안전

394 企 **395** 余 **396** 途

394

(바랄 기)

企 企 | ノ 𠆢 个 仐 企 企

くわだ-てる
キ

企業 기업
きぎょう

企画 기획
きかく

395

(남을 여) 餘
296 暇

余 余 | ノ 𠆢 亼 仐 佘 余 余

あま-す　あま-る
余る 남다
あま

余り 나머지
あま

ヨ
余裕 여유
よゆう

余暇 여가
よか

余計 쓸데없음
よけい

余分 여분
よぶん

396

(길 도) 途
366 絶
465 展
521 端

途 途 | ノ 𠆢 亼 仐 佘 余 余 途 途

ト
用途 용도
ようと

途中 도중
とちゅう

中途 중도
ちゅうと

中途半端 어중간한
ちゅうとはんぱ

途絶える 끊어지다
とだ

発展途上国 개발도상국
はってんとじょうこく

397 述 398 迷 399 逆

397

(지을 술) 述

述 述 | 一 ナ オ ホ ボ ボ 述 述

の-べる
述べる 말하다/진술하다/기술하다

ジュツ
記述 기술

398

(미혹할 미) 迷
196 惑

迷 迷 | 丶 丷 丬 半 米 米 米 迷
迷

まよ-う
迷う 헤매다/방황하다　　迷子 미아

メイ
迷信 미신　　迷惑 미혹/민폐
迷惑行為 민폐행위

399

(거스를 역) 逆

逆 逆 | 丶 丷 丬 丬 屰 屰 逆 逆
逆

さか-らう　さか
逆らう 거스르다/거역하다/반항하다

ギャク
逆 반대/거꾸로　　逆転 역전

178

400 透 **401** 達 **402** 適

400 透

透 透 透 透
一 ニ 千 チ 禾 秀 秀 秀

(통할 투) 透

す-く　す-かす　す-ける
透き通る 비쳐 보이다/투명하다
す　とお

トウ
透明 투명
とうめい

401 達

達 達
一 十 土 丰 圭 赱 幸 幸
幸 韋 達 達

たち
友達 친구
ともだち

(통할 달) 達

タツ
達する 달하다/이르다　　上達 상달　　発達 발달
たっ　　　　　　　　　　　じょうたつ　　　はったつ

伝達 전달　　達人 달인
でんたつ　　　　たつじん

配達 배달　　達成 달성
はいたつ　　　　たっせい

402 適

適 適
' 亠 ナ 产 产 产 商
商 商 商 滴 滴 適

テキ
適する 알맞다/적당하다　　適確 적확
てき　　　　　　　　　　　てきかく

(맞을 적) 適
199 快

適当 적당　　適度 적도
てきとう　　　てきど

適用 적용　　適切 적절
てきよう　　　てきせつ

快適 쾌적
かいてき

403 避 404 超 405 趣

403

ㄱ ㄱ ㄕ ㄕ ㄕ ㄕ ㄕ' ㄕ˚
ㄕ˚ ㄕ˚ ㄕ˚ ㄕ˚ 辟 辟 辟 避

(피할 피) 避

さ-ける
避ける 피하다
　さ

ヒ
避難 피난　　　　逃避 도피
　ひ　なん　　　　　　とう　ひ

404

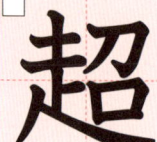

一 十 土 キ キ 圭 走 走
起 起 超 超

(뛰어넘을 초)

こ-える　こ-す
超える 지나가다/기준을 넘다　　超す 넘다/초과하다
　こ　　　　　　　　　　　　　　こ

チョウ
超過 초과
ちょう か

405

一 十 土 キ キ 圭 走 走
走 走 走 赴 赳 趣 趣

(재미 취)

おもむき

シュ
趣味 취미
しゅ み

180

406 穴 **407** 宇 **408** 宙

406

| 穴 | 穴 | 穴 | ` | `` | 宀 | 宂 | 穴 | | |

あな
穴 구멍 　　　穴場 남이 모르는 좋은 곳/노다지 판
あな　　　　　あなば

(구멍 혈)　ケツ

407

| 宇 | 宇 | 宇 | ` | `` | 宀 | 宁 | 宇 | | |

ウ
宇宙 우주　　　宇宙飛行士 우주비행사
うちゅう　　　うちゅうひこうし

(집 우)
408 宙
546 士

408

| 宙 | 宙 | 宙 | ` | `` | 宀 | 宁 | 宁 | 宙 | 宙 |

チュウ
宇宙 우주　　　宇宙飛行士 우주비행사
うちゅう　　　うちゅうひこうし

(집 주)
407 宇
546 士

409 宝 410 官 411 突

409

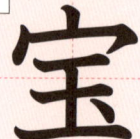

宝 宝 ｜ 丶 丶 宀 宀 宁 宇 宝 宝

（보배 보）寶

たから
宝 보배/보물　　宝くじ 복권

ホウ
宝石 보석　　財宝 재보
ほうせき　　ざいほう

410

官 官 ｜ 丶 丶 宀 宀 宁 宁 官 官

（벼슬 관）
017 僚
324 裁
338 警
419 察
453 庁

カン
官庁 관청　　官僚 관료
かんちょう　　かんりょう

警察官 경찰관　　外交官 외교관
けいさつかん　　がいこうかん

裁判官 재판관　　面接官 면접관
さいばんかん　　めんせつかん

411

突 突 ｜ 丶 丶 宀 宀 宂 空 穵 突

（갑자기 돌）突
182 煙

つ-く
突く 찌르다　　突き当たり 막다른 곳
つ　　つ　あ

突っ込む 돌입하다/깊이 파고들다
つ　こ

トツ
突然 돌연/갑자기　　衝突 충돌
とつぜん　　しょうとつ

煙突 굴뚝
えんとつ

412 害 **413** 密 **414** 寂

412 害

(해칠 해)
- 103 障
- 172 損
- 177 災
- 318 被

害　害　丶　丶　宀　宀　中　宇　宝　害
害　害

ガイ

害する 해치다
公害 こうがい 공해
損害 そんがい 손해
利害 りがい 이해

災害 さいがい 재해
障害 しょうがい 장해/장애
被害 ひがい 피해

413 密

密

(빽빽할 밀)
- 094 秘

密　密　丶　丶　宀　宀　亠　宓　宓　宓
宓　宓　密

ミツ

秘密 ひみつ 비밀
密接 みっせつ 밀접
人口密度 じんこうみつど 인구밀도

密閉 みっぺい 밀폐
密度 みつど 밀도

414 寂

(고요할 적)

寂　寂　丶　丶　宀　宀　宀　宋　宇　宋
宋　宋　寂

さび-しい　さび-れる　さび

寂しい さび 허전하다/쓸쓸하다/적적하다

ジャク　セキ

415 寄 **416** 富 **417** 就

415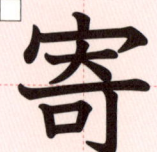

寄 寄 　 `、 ソ 宀 宀 宀 宵 宵 宵 寄 寄`

(부칠 기)

よ-る　よ-せる

寄る 접근하다/다가가다
よ

近寄る 접근하다/친근히 하다
ちかよ

年寄り 노인
とし よ

最寄り 가장 가까운
も よ

寄せる 밀려오다/옆으로 가까이 대다
よ

キ

寄付 기부
き ふ

416

富 富 　 `、 ソ 宀 宀 宀 宮 宮 宮 富 富 富 富`

(부자 부)

493 豊

と-む　とみ

フ　フウ

豊富 풍부
ほう ふ

417

就 就 　 `、 亠 亠 古 古 亨 京 京 京 尤 就 就`

(나아갈 취)

418 寝

つ-ける　つ-く

就く 취임하다
つ

シュウ　ジュ

就寝 취침
しゅうしん

就任 취임
しゅうにん

就職 취직
しゅうしょく

就職活動 취직활동
しゅうしょくかつどう

就活 취활(취직활동)
しゅうかつ

418 寝 **419** 察 **420** 丁

---

418 寝

筆順: 丶 丶 宀 宀 宀 宀 疒 疒 疒 疒 疒 痩 寝

(잠잘 침) 寝
209 坊
417 就

ね-かす / ね-る
寝る 자다
昼寝 낮잠
寝坊 늦잠

シン
就寝 취침
寝台 침대

---

419 察

筆順: 丶 丶 宀 宀 宀 宀 宀 宊 宑 察 察 察 察

(살필 찰)
274 診
315 視
338 警

サツ
察する 헤아리다/살피다
考察 고찰
視察 시찰
警察 경찰
観察 관찰
診察 진찰

---

420 丁

筆順: 一 丁

(장정 정)
145 包
421 寧

テイ チョウ
丁寧 정중함/친절함
丁度 꼭/정확히
～丁目 ~가
包丁 식칼

온라인 테스트

349-420

아래 웹사이트에 접속하여 349~420의
한자를 복습하십시오.

PC http://www.hedgroup.co.kr/JLPT/N2_Kanji/Chapter6.html

N2 한자
421-492

421 寧　422 軍　423 挙

421 寧

寧　寧

丶　宀　宀　宁　宁　宁　宁　宁　宓　宓　宓　寧　寧

ネイ

丁寧 정중함/친절함
ていねい

(편안할 녕) 寧
420 丁

422 軍

軍　軍

冖　冖　冃　冒　宣　軍

グン

軍隊 군대
ぐんたい

軍人 군인
ぐんじん

軍事 군사
ぐんじ

(군사 군)

423 挙

挙　挙

丶　丷　丷　丷　兴　兴　兴　誉　挙

あ-げる　あ-がる

挙げる 팔을 들다/거행하다
あ

キョ

選挙 선거
せんきょ

選挙権 선거권
せんきょけん

(들 거) 擧
089 権

424 栄　425 与　426 党

栄	栄	丶	丷	⺍	⺌	丷	䒑	学	学	424
		栄								

さか-える　は-え　は-える

エイ

栄養 영양
えいよう

(영화로울 영) 榮

495 養

与	与	ˉ	与	与				425

あた-える

与える 주다/수여하다
あた

ヨ

給与 급여　　　　賞与 상여/보너스
きゅうよ　　　　　しょうよ

与党 여당
よとう

(줄 여) 與

244 賞
426 党

党	党	丶	丷	⺍	⺌	䒑	学	学	426
		覚	党						

トウ

野党 야당　　　　与党 여당
やとう　　　　　　よとう

政党 정당
せいとう

(무리 당) 黨

425 与

427 竹 428 符 429 等

427 竹

竹 竹 | ノ 𠂉 ⺮ ⺮ ⺮ 竹

(대 죽)

たけ
竹 대나무
たけ
竹の子 죽순
たけ こ

チク

428 符

符 符 | ノ 𠂉 ⺉ ⺮ ⺮ ⺮ ⺮
⺮ 符 符

(부호 부)

フ
切符 티켓
きっぷ
符号 부호
ふごう

260 号

429 等

等 等 | ノ 𠂉 ⺉ ⺮ ⺮ ⺮ 竺
竺 笁 等 等

(등급 등)

ひと-しい
等しい 같다/동등하다
ひと

トウ
対等 대등
たいとう
平等 평등
びょうどう
高等 고등
こうとう
上等 상등
じょうとう
等分 등분
とうぶん

430 策 **431** 筋 **432** 筒

430

(꾀 책)

策策 | ノ ト ᅡ 竹 竹 竹 竹 笻
筟 筜 笮 策

サク
対策 대책
たいさく

政策 정책
せいさく

431

(힘줄 근)

筋筋 | ノ ト ᅡ 竹 竹 竹 广 产
产 产 筋 筋

すじ

キン
筋肉 근육
きんにく

筋肉痛 근육통
きんにくつう

筋トレ 근육 트레이닝/근력 운동
きん

432

(대통 통)
345 封

筒筒 | ノ ト ᅡ 竹 竹 竹 竹 竹
筟 筒 筒 筒

つつ

トウ
封筒 봉투
ふうとう

水筒 물통
すいとう

433 筆 434 節 435 即

433 筆 (붓 필)

筆筆 | ノ | ⺮ | ⺮ | ⺮ | ⺮ | ⺮ | 竺
筝 | 筈 | 笙 | 筆

ふで
筆 붓
ふで

ヒツ
鉛筆 연필　　万年筆 만년필
えんぴつ　　まんねんひつ

随筆 수필　　執筆 집필
ずいひつ　　しっぴつ

筆者 필자　　筆記 필기
ひっしゃ　　ひっき

434 節 (마디 절) 節
093 季

節節 | ノ | ⺮ | ⺮ | ⺮ | ⺮ | ⺮ | 竺
笁 | 笸 | 筲 | 節 | 節

ふし

セツ　セチ
季節 계절　　調節 조절
きせつ　　ちょうせつ

節約 절약　　節電 절전
せつやく　　せつでん

節水 절수
せっすい

435 即 (곧 즉) 卽
386 刻

即即 | ㄱ | ㅋ | ㅋ | 艮 | 艮 | 即 | 即

ソク
即座に 즉석에서　　即刻 즉각
そくざ　　そっこく

436 箱 **437** 範 **438** 築

436 箱 (상자 상)

はこ
箱 상자
貯金箱 ちょきんばこ 저금통
ごみ箱 쓰레기통

437 範 (법 범)

087 模
550 囲

ハン
範囲 はんい 범위
範例 はんれい 범례
模範 もはん 모범

438 築 (쌓을 축)

きず-く
築く 쌓다/구축하다
築き上げる 쌓아 올리다

チク
建築 けんちく 건축
新築 しんちく 신축
改築 かいちく 개축

439 籍 440 荒 441 著

439 籍

(문서 적) 籍

籍 籍

⺮ ⺮ ⺮ ⺮ ⺮ 笌 筥 箵 箵 箵 籍 籍 籍

セキ

国籍 국적
こくせき

在籍 재적
ざいせき

書籍 서적
しょせき

440 荒

(거칠 황)

荒 荒

一 十 艹 艹 艹 艹 芒 芹 芹
荒

あら-い **あ-らす** **あ-れる**

荒い 거칠다/난폭하다
あら

荒れる 거칠어지다/난폭히 굴다
あ

荒らす 휩쓸다
あ

コウ

441 著

(나타날 저)

089 権

著 著

一 十 艹 艹 艹 艹 芏 莑 莑
茅 著 著

いちじる-しい **あらわ-す**

著しい 현저하다/두드러지다
いちじる

チョ

著者 저자
ちょしゃ

著作 저작
ちょさく

著書 저서
ちょしょ

著作権 저작권
ちょさくけん

442 蒸　443 蓄　444 畜

442

蒸　蒸　蒸
一 十 艹 艹 艹 芽 芽 茉
莁 莁 莁 荥 蒸

む-す　む-らす　む-れる
蒸す 무덥다/찌다
蒸し暑い 무덥다

ジョウ
蒸気 증기
水蒸気 수증기
蒸発 증발

(찔 증)

443

蓄　蓄
一 十 艹 艹 艹 芋 苦 芸
苦 茎 蓄 蓄 蓄

たくわ-える
蓄える 쌓다/저장하다

チク

(쌓을 축)

444

畜　畜
丶 亠 亠 玄 玄 产 斉 斉
斉 畜

チク
牧畜 목축
家畜 가축
鬼畜 귀축
畜生 축생

(가축 축)

445 幕 **446** 暮 **447** 蔵

---

445 幕

(장막 막)

幕	幕	一	十	艹	广	芦	昔	苩
		荁	莫	莫	墓	幕		

マク　バク

幕 막/커튼
まく

字幕 자막
じまく

開幕 개막
かいまく

---

446 暮

(저물 모)

暮	暮	一	十	艹	广	芦	昔	苩
		荁	莫	莫	墓	暮	暮	

く-らす　く-れる

暮らす 지내다/살아가다/생활하다
く

暮らし 생활/살림
く

一人暮らし 독신생활/자취생활
ひとりぐ

暮れる 저물다/해가 지다
く

暮れ 해질녘
く

ボ

---

447 蔵

蔵

(감출 장) 藏
459 庫

蔵	蔵	一	十	艹	广	芦	芦	芦
		芦	芦	芦	葴	蔵	蔵	蔵

くら

ゾウ

冷蔵 냉장
れいぞう

冷蔵庫 냉장고
れいぞうこ

448 薄 449 圧 450 灰

448

(엷을 박)

薄 薄 | 一 十 艹 艹 艹 艹 艹
薄 薄 | 芦 芦 荅 蒲 蒲 蒲 薄 薄

うす-い うす-める うす-まる うす-らぐ うす-れる

薄い 얇다
うす

薄暗い 어둑어둑하다
うすぐら

薄味 담박한 맛
うすあじ

薄着 얇은 옷/얇게 입은 옷
うすぎ

薄める 싱겁게 하다
うす

ハク

449

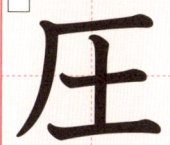

(누를 압) 壓
010 倒
375 縮

圧 圧 | 一 厂 厂 圧 圧

アツ

圧勝 압승
あっしょう

圧縮 압축
あっしゅく

圧倒的 압도적
あっとうてき

気圧 기압
きあつ

血圧 혈압
けつあつ

高血圧 고혈압
こうけつあつ

低血圧 저혈압
ていけつあつ

450

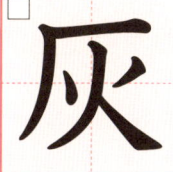

(재 회) 灰
498 皿

灰 灰 | 一 厂 厂 灰 灰 灰

はい

灰 재
はい

灰色 회색/잿빛
はいいろ

灰皿 재떨이
はいざら

カイ

451 炭 **452** 岸 **453** 庁

451

(숯 탄)

炭 炭 　`、 屵 屵 屵 屵 屵 屵 炭`
炭

- すみ
- タン

石炭 석탄
せきたん

木炭 목탄/숯
もくたん

炭酸水 탄산수
たんさんすい

炭水化物 탄수화물
たんすい か ぶつ

452

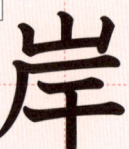

(언덕 안)
040 湾

岸 岸 　`、 屵 屵 屵 屵 屵 屵 岸`

- きし

岸 물가/벼랑
きし

- ガン

海岸 해안
かいがん

湾岸 만안
わんがん

453

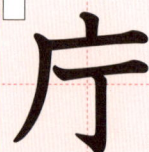

(관청 청) 廳
410 官

庁 庁 　`、 亠 广 庁 庁`

- チョウ

官庁 관청
かんちょう

県庁 현청
けんちょう

454 序　455 床　456 応

序　序

`、 亠 广 广 序 序 序` 454

ジョ

順序 순서　　　序列 서열
じゅんじょ　　　じょれつ

(차례 서)
249 順
383 列

床　床

`、 亠 广 广 庄 床 床` 455

ゆか　とこ

床 마루/바닥
ゆか

(평상 상)

ショウ

起床 기상
き しょう

応　応

`、 亠 广 广 広 応 応` 456

こた-える

オウ

応じる 응하다/대응하다　　応援 응원
おう　　　　　　　　　　おうえん

(응할 응) 應
171 援

応募 응모　　　　　　　　応接 응접
おう ぼ　　　　　　　　　おうせつ

応用 응용　　　　　　　　対応 대응
おうよう　　　　　　　　たいおう

一応 우선/일단
いちおう

457 底 **458** 氏 **459** 庫

457 底 (밑 저)

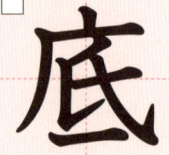

` 、 亠 广 广 庐 庐 底 底 `

そこ
底 바닥
そこ

どん底 밑바닥/구렁텅이
　　そこ

テイ
海底 해저
かいてい

徹底 철저
てってい

458 氏 (성씨)

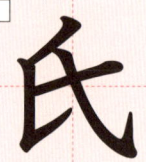

` ノ 厂 斤 氏 `

うじ

シ
氏 씨
し

氏名 씨명/성명
しめい

459 庫 (창고 고)
447 蔵

` 、 亠 广 广 広 庐 肩 亶 庫 `

コ ク
金庫 금고
きんこ

倉庫 창고
そうこ

在庫 재고
ざいこ

車庫 차고
しゃこ

冷蔵庫 냉장고
れいぞうこ

在庫切れ 재고품절
ざいこぎれ

460 磨 **461** 症 **462** 療

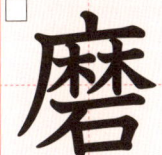

460 磨 磨 | 丶 亠 广 广 庀 床 庠
府 麻 麻 庭 磨 磨 磨

みが-く

磨く 닦다/연마하다   歯磨き 양치질

腕を磨く 솜씨를 연마하다

マ

(갈 마) 磨
121 腕

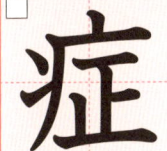

461 症 症 | 丶 亠 广 广 疒 疒 疒
疔 症

ショウ

症状 증상   花粉症 꽃가루 알러지

熱中症 열중증/열사병   認知症 인지증/치매

(병증세 증)
106 粉
281 認
342 状

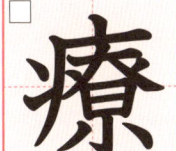

462 療 療 | 广 广 广 疒 疒 疒 疒
疒 疥 疥 痨 瘆 療 療

リョウ

医療 의료   治療 치료

診療 진료

(병 고칠 료)
274 診

463 厳 464 居 465 展

463

厳 厳 | ` ` ` ` ` ` ` |
厂 厂 严 严 严 严 严
岸 岸 営 営 営 嚴 厳

(엄할 엄) 嚴

きび-しい　おごそ-か
厳しい 엄하다/심하다

ゲン　ゴン

464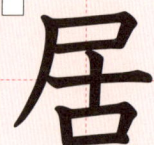

居 居 | ㄱ ㄱ 尸 尸 尽 居 居 |

(살 거)
125 眠

い-る
居る 있다   居間 거실
居眠り 깜빡 드는 잠   芝居 연기/연극

キョ
住居 주거   居住 거주

465

展 展 | ㄱ ㄱ 尸 尸 尸 屏 屏 展 |
屏 展

(펼 전)
396 途
466 覧

テン
展開 전개   発展 발전
発展途上国 발전도상국/개발도상국   展示 전시
展覧会 전람회

466 覧　467 属　468 層

466

覧　覧

| 丨 | 厂 | 广 | 产 | 产 | 臣 | 臣' |
| 臣⺊ | 臣⺊ | 臣⺊ | 臣⺊ | 臤 | 覧 | 覧 | |

ラン

ご覧 보시다
らん

展覧会 전람회
てんらんかい

一覧 일람
いちらん

観覧車 관람차
かんらんしゃ

(볼 람) 覽
465 展

467

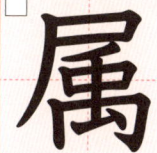

属　属

| 一 | コ | 尸 | 尸 | 尸 | 尻 | 层 | 层 |
| 层 | 属 | 属 | 属 | | | | |

ゾク

属する 속하다
ぞく

専属 전속
せんぞく

配属 배속
はいぞく

金属 금속
きんぞく

所属 소속
しょぞく

付属 부속
ふぞく

(이을 속) 屬
347 専

468

層　層

| 一 | ユ | 尸 | 尸 | 尸 | 尸 | 层 |
| 层 | 层 | 层 | 層 | 層 | 層 | | |

ソウ

一層 한층 더/더욱더
いっそう

高層 고층
こうそう

オゾン層 오존층
そう

大層 매우/몹시
たいそう

高層ビル 고층빌딩
こうそう

(층 층) 層

203

469 戸　**470** 雇　**471** 舟

469 戸
(지게 호) 戸
085 棚
196 惑

筆順: 一 ニ 彐 戸

と
- 戸惑う (とまど) 어리둥절해 하다
- 井戸 (いど) 우물
- 雨戸 (あまど) 빈지문/덧문
- 戸棚 (とだな) 찬장

コ
- 一戸建て (いっこだ) 단독주택

470 雇
(품 팔 고) 雇

筆順: 一 ニ 彐 戸 戸 戸 戸 戸 屏 屏 雇 雇

やと-う
- 雇う (やと) 고용하다
- 雇い主 (やとぬし) 고용주

コ

471 舟
(배 주)

筆順: ノ 丿 力 丹 舟 舟

ふね ふな
- 舟 (ふね) 배
- 小舟 (こぶね) 작은 배

シュウ

472 航 **473** 般 **474** 殿

472

航 | 航 航 | ′ ノ 丿 ń 月 舟 舟' 舟ﾟ 舟ﾟ 航

コウ

航空 항공
こうくう

航海 항해
こうかい

欠航 결항
けっこう

(배 항)

473

般 | 般 般 | ′ ノ 丿 ń 月 舟 舟' 舟ﾟ 般

ハン

一般 일반
いっぱん

一般に 일반적으로
いっぱん

全般 전반
ぜんぱん

(일반 반)
 全

474

殿 | 殿 殿 | ｺ ｺ 尸 尸 尸 屈 屈 屎 屎 屎 殿 殿

との どの

〜殿 ~씨/귀하
との

デン テン

宮殿 궁전
きゅうでん

神殿 신전
しんでん

(대궐 전)

475 羊　476 群　477 鮮

475 羊 (양 양)

丶　丷　䒑　䒑　兰　羊

ひつじ
羊 양

ヨウ

476 群 (무리 군)

フ　ヲ　ヨ　尹　尹　君　君　君ノ　君ゝ　群゛　群゛　群

む-れる　む-れ　むら
群れる 떼를 짓다/군집하다　　群れ 무리/떼

グン

477 鮮 (고울 선)

丿　勹　勹　角　角　角　魚　魚　魚ゝ　鮮゛　鮮゛　鮮゛　鮮

あざ-やか
鮮やか 또렷함/산뜻함/선명함

セン
新鮮 신선　　　　　鮮明 선명

478 革 **479** 靴 **480** 片

革 (가죽 혁)

革 革 | 一 十 卅 丼 芇 苫 苩 革

かわ
革 가죽
かわ

カク

靴 (가죽신 화)

靴 靴 | 一 十 卅 丼 卋 帯 莒 革 革 靪 靪 靴

くつ
靴 신발/구두
くつ

靴下 양말
くつした

長靴 장화
ながぐつ

雨靴 우화/비신
あまぐつ

カ

片 (조각 편)
227 破

片 片 | ノ ノ´ 广 片

かた
片付ける 치우다/정돈하다
かた つ

片付く 정돈되다/처리되다
かた つ

片道 편도
かたみち

片思い 짝사랑
かたおも

ヘン
破片 파편
は へん

481 版 **482** 景 **483** 影

481

版 版

ノ ノ 广 片 片 片 版 版

(널조각 판)

ハン

出版 출판
しゅっぱん

出版社 출판사
しゅっぱんしゃ

海賊版 해적판
かいぞくばん

482

景 景

丶 口 日 日 早 豆 昌 景
昌 昙 昙 景

(경치 경)
112 背

ケイ

景気 경기
けいき

不景気 불경기
ふけいき

背景 배경
はいけい

光景 광경
こうけい

風景 풍경
ふうけい

夜景 야경
やけい

☆ 景色 경색/경치
けしき

483

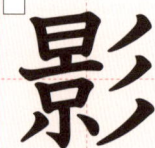

影 影

丶 口 日 日 早 豆 昌
昌 昙 昙 景 景 景 影

(그림자 영)
175 撮
484 響

かげ

影 그림자
かげ

エイ

影響 영향
えいきょう

悪影響 악영향
あくえいきょう

撮影 촬영
さつえい

484 響 **485** 令 **486** 齢

484

(울릴 향) 響

483 影

響	響	′	ㄠ	ㄠ	多ㄱ	多ㅋ	多ㅋ	細	細
		細ㄱ	細ㄱ	細『	細郎	響	響	響	響

ひび-く

響く 울리다/울려 퍼지다   響き 울림/반향
ひび   ひび

キョウ

影響 영향   悪影響 악영향
えいきょう   あくえいきょう

485

(하여금 령)

令	令	′	人	ㅅ	今	令			

レイ

命令 명령
めいれい

486

(나이 령) 齢

齢	齢	止	止	止	止	屮	屮	屮	屮
		齒	齒′	齒ᄉ	齢	齢	齢		

レイ

年齢 연령   高齢 고령
ねんれい   こうれい

高齢者 고령자   高齢化 고령화
こうれいしゃ   こうれいか

487 旧 **488** 児 **489** 布

487 旧

旧 旧

｜ ｜｜ ｜｜ ｜日 旧

キュウ

復旧 복구
ふっきゅう

復旧工事 복구공사
ふっきゅうこうじ

(예 구) 舊

488 児

児 児

｜ ｜｜ ｜｜ ｜日 旧 旧 児

ジ ニ

幼児 유아
ようじ

乳児 유아
にゅうじ

児童 아동
じどう

育児 육아
いくじ

小児科 소아과
しょうにか

(아이 아) 兒
354 幼
392 乳
522 童

489 布

布 布

ノ ナ オ 右 布

ぬの

布 포/천/직물의 총칭
ぬの

フ

布団 이불
ふとん

座布団 방석
ざぶとん

毛布 모포/담요
もうふ

財布 지갑
さいふ

分布 분포
ぶんぷ

(베 포)

490 希 491 望 492 豆

490

希 希 | ノ ㄨ ナ チ 矛 矛 希

(바랄 희)
491 望

キ
希望 희망
きぼう

491

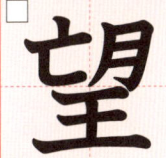

望 望 | ` ㅗ ㄷ ㄷ 切 切 明 切
망 망 望

(바랄 망)
190 志
490 希

のぞ-む
望む 바라다/소망하다
のぞ
望み 소망
のぞ

ボウ　モウ
希望 희망
きぼう
志望 지망
しぼう
望遠鏡 망원경
ぼうえんきょう

願望 원망
がんぼう
失望 실망
しつぼう

492

豆 豆 | 一 ㄷ ㅁ ㅁ 旦 豆 豆

(콩 두)
392 乳

まめ
豆 콩
まめ

トウ　ズ
豆乳 두유
とうにゅう
大豆 대두
だいず

온라인 테스트

421-492

아래 웹사이트에 접속하여 421~492의 한자를 복습하십시오.

PC http://www.hedgroup.co.kr/JLPT/N2_Kanji/Chapter7.html

Smartphone

N2 한자
493-550

493 豊　494 良　495 養

493 豊

(풍년 풍) 豊
416 富

筆順: 丶 口 冂 両 曲 曲 豊 豊 豊 豊 豊

ゆた-か
豊か(ゆた) 풍족함/풍부함

ホウ
豊富(ほうふ) 풍부

494 良

(어질 량) 良
002 仲

筆順: 丶 ⺄ ㇕ ヨ 自 良 良

よ-い
良い(よ) 좋다
仲良し(なかよ) 친한 친구/단짝

リョウ
優良(ゆうりょう) 우량
改良(かいりょう) 개량
良性(りょうせい) 양성
不良(ふりょう) 불량
不良品(ふりょうひん) 불량품

495 養

(기를 양)
424 栄

筆順: 丶 丷 丷 ギ 兰 关 关 羊 芙 莠 莠 莠 莠 養 養

やしな-う
養う(やしな) 기르다/양육하다

ヨウ
栄養(えいよう) 영양
養分(ようぶん) 양분
休養(きゅうよう) 휴양
教養(きょうよう) 교양

496 我 497 義 498 皿

496

我 我 | ノ 二 千 手 我 我 我

われ・わ
我々 우리
我が家 우리 집

ガ
我慢 참음/자제
怪我 부상

(나 아)
200 怪

497

義 義 | 丶 丷 ﬂ ﬂ 兰 羊 兰 羊 羊 義 義 義

ギ
意義 의의
主義 주의
義務 의무
講義 강의
正義 정의

(옳을 의)
290 講

498

皿 皿 | 丨 冂 冂 皿 皿

さら
皿 그릇
灰皿 재떨이

(그릇 명)
450 灰

499 益　500 盗　501 盛

499

(더할 익) 益

益 益
丶 丶丶 艹 产 并 芣 谷 谷
谷 益

エキ　ヤク

利益 이익
りえき

収益 수익
しゅうえき

500

(도둑 도) 盗

盗 盗
丶 冫 冫 冫 次 次 次
次 盗 盗

ぬす-む

盗む 훔치다
ぬす

トウ

強盗 강도
ごうとう

盗難 도난
とうなん

501

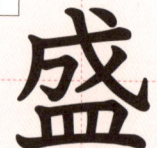

(성할 성) 盛

盛 盛
丿 厂 厃 成 成 成 戌
成 盛 盛

さか-ん　も-る　さか-る

盛ん 성함/번성함/번창함
さか

盛る 쌓아 올리다
も

並盛り 보통
なみ も

大盛り 고봉
おお も

盛り上がる 부풀어오르다/솟아오르다
も あ

セイ　ジョウ

盛大 성대
せいだい

旺盛 왕성
おうせい

502 兵 503 典 504 興

502 兵

兵 兵

丿 亻 丘 丘 丘 兵 兵

ヘイ **ヒョウ**

兵士 병사
へいし

兵器 병기
へいき

兵隊 병대
へいたい

(병사 병)
546 士

503 典

典 典

丨 冂 冂 曲 曲 典 典

テン

辞典 사전
じてん

古典 고전
こてん

典型的 전형적
てんけいてき

特典 특전
とくてん

典型 전형
てんけい

(법 전)

504 興

興 興

丿 亻 ィ 钅 f 旬 印 用
用 用 用 用 闸 舉 興 興

おこ-す　おこ-る

キョウ **コウ**

興味 흥미
きょうみ

復興 부흥
ふっこう

(일어날 흥)

505 異 506 畳 507 臭

505 異

異 異 ｜ 冂 爫 用 田 甼 甲 畀 畢 異 異

(다를 이) 異

こと
異なる 다르다
　こと

イ
異性 이성　　　　異常 이상
いせい　　　　　いじょう

異文化 이문화/다문화
いぶんか

506 畳

畳 畳 ｜ 冂 爫 用 田 甼 畢 畳 畳 畳 畳 畳

(겹쳐질 첩) 畳

たた-む　**たたみ**
畳む 접다/개다/개키다　　畳 다다미
たた　　　　　　　　　たたみ

ジョウ

507 臭

臭 臭 ノ ｢ 冂 白 自 自 自 臭 臭

(냄새 취) 臭
010 倒

くさ-い　**にお-う**
臭い 고약한 냄새가 나다　　面倒臭い 귀찮다
くさ　　　　　　　　　　めんどうくさ

シュウ

508 契 509 奥 510 劣

508

(맺을 계) 契

| 契 | 契 | 一 | 十 | キ | 丰 | 刧 | 刧 | 契 | 契 |

ちぎ-る

ケイ

契約 계약
けいやく

契約書 계약서
けいやくしょ

契機 계기
けいき

509

(깊을 오) 奥

| 奥 | 奥 | ノ | ′ | 冂 | 冂 | 冂 | 内 | 南 |
| 南 | 奥 | 奥 | 奥 |

おく

奥 깊숙한 곳/안/속
おく

奥さん 부인
おく

奥様 부인
おくさま

オウ

510

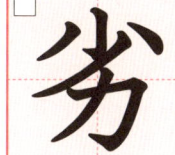

(못할 렬)

| 劣 | 劣 | 丨 | 丬 | 小 | 少 | 屶 | 劣 |

おと-る

劣る 못하다/뒤떨어지다
おと

レツ

511 努　512 勇　513 勢

511 努

努 努 | く　タ　タ　如　奴　奴　努

(힘쓸 노)

つと-める
努める 힘쓰다/노력하다
　つと

ド
努力 노력　　　　　　努力家 노력가
どりょく　　　　　　どりょくか

512 勇

勇 勇 | フ　マ　マ　丒　丙　甬　甬　勇

(날랠 용)

いさ-む
勇ましい 용감하다/용맹스럽다
　いさ

ユウ
勇気 용기　　　　　　勇者 용자
ゆうき　　　　　　　ゆうしゃ

513 勢

勢 勢 | 一　十　土　幸　夫　走　坴　埶　勢

(형세 세)

いきお-い
勢い 기세/세력
いきお

311 姿

セイ
姿勢 자세　　　　　　大勢 대세
しせい　　　　　　　おおぜい

514 氷 515 永 516 双

514

氷 氷 氷 ｜ ｜ 亅 氵 氺 氷

こおり　ひ
氷 얼음
こおり

ヒョウ
氷河 빙하　　　　　氷河期 빙하기
ひょうが　　　　　　ひょうがき

氷山 빙산
ひょうざん

(얼음 빙)
038 河

515

永 永 永 ｀ 亅 亅 兯 永

なが-い

エイ
永久 영구　　　　　永遠 영원
えいきゅう　　　　　えいえん

(길 영)

516

双 双 双 フ 又 ヌヽ 双

ふた
双子 쌍둥이
ふたご

ソウ

(둘 쌍) 雙

517 卵　518 競　519 羽

517 卵 (알 란)

卵　卵

｀ ｃ ｃ 卯 卯 卯 卵

たまご
卵 달걀
たまご

ラン

518 競 (다툴 경) 竞

競　競

亠 产 咅 咅 咅 竞 竞' 竞'
竞" 竞" 竞" 竞" 竞" 竞" 競

きそ-う　せ-る
競う 다투다/경쟁하다
きそ

キョウ　ケイ
競争 경쟁
きょうそう

競技 경기
きょうぎ

競馬 경마
けいば

519 羽 (깃 우) 羽

羽　羽

フ 习 习 羽 羽 羽

はね　は
羽 날개
はね

羽織 일본옷의 위에 입는 짧은 겉옷
は おり

ウ
羽毛 깃털
う もう

376 織

520 翌 521 端 522 童

520

翌 (다음날 익) 翌

| ｀ | ｀｀ | ｀｀ヨ | ｀｀ヨ | ｀｀ヨヨ | ｀｀ヨヨ | ｀｀ヨヨ | 翌 |
| 翌 | 翌 | 翌 | | | | | |

ヨク

翌日 익일/다음날
よくじつ

翌月 익월/다음달
よくげつ

翌週 익주/다음주
よくしゅう

翌年 익년/다음해
よくねん

521

端 (끝 단)
086 極
396 途

| ｀ | ｀ | ｀ｰ | ｀ｰ | ｀ｰ | ｀ｰ | ｀ｰ | ｀ｰ |
| 端 | 端 | 端 | 端 | 端 | 端 | | |

はし　は　はた

端 끝/시초
はし

中途半端 어중간함
ちゅう と はん ぱ

端っこ 가장자리
はし

タン

極端 극단
きょくたん

先端 선단/첨단
せんたん

途端 찰나/바로 그 순간
と たん

端末 단말
たんまつ

522

童 (아이 동)
488 児

| ｀ | ｀ | ｀ｰ | ｀ｰ | 产 | 产 | 音 | 音 |
| 音 | 音 | 童 | 童 | | | | |

わらべ

ドウ

児童 아동
じ どう

童謡 동요
どうよう

童話 동화
どう わ

523 章　524 辛　525 率

523

章　章

丶 亠 ナ 立 立 音 音
音 音 章

ショウ

文章 문장/글
ぶんしょう

序章 서장
じょしょう

(글 장)

454 序

524

辛　辛

丶 亠 ナ 立 立 辛

から-い

辛い 맵다
から

辛口 매운맛
からくち

塩辛い 짜다
しおから

(매울 신)

144 抱
214 塩

シン

辛抱 참음
しんぼう

辛抱強い 참을성이 많다
しんぼうづよ

香辛料 향신료
こうしんりょう

525

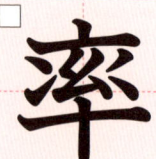

率　率

丶 亠 ナ 玄 玄 玄 浓 浓
浓 浓 率

ひき-いる

リツ　ソツ

(비율 률)
(거느릴 솔)

233 功

能率 능률
のうりつ

確率 확률
かくりつ

成功率 성공률
せいこうりつ

進学率 진학률
しんがくりつ

率直 솔직
そっちょく

526 武 **527** 歳 **528** 舞

526 武

武 武 | 一 二 テ 手 正 正 武 武

ブ ム

武器 ぶき 무기
武道 ぶどう 무도
武士 ぶし 무사
武士道 ぶしどう 무사도

(굳셀 무)
546 士

527 歳

歳 歳 | 丨 ト 止 歩 产 芦 芦
芹 芦 芦 歳 歳 歳

サイ セイ

〜歳 さい ~세
☆ 二十歳 はたち 20세
万歳 ばんざい 만세

(해 세) 歳

528 舞

舞 舞 | ノ ト 二 午 年 無 無
舞 舞 舞 舞 舞 舞 舞

ま-う まい

舞う まう 춤추다
見舞い みまい 문병

ブ

舞台 ぶたい 무대

振る舞う ふるまう 행동하다

(춤출 무)
157 振

529 麦 530 髪 531 巻

529 麦 (보리 맥) 麥
106 粉
180 畑

| 麦 | 麦 | 一 | 十 | 土 | 主 | 丰 | 乡 | 麦 |

むぎ
麦 (むぎ) 보리
小麦 (こむぎ) 소맥/밀
小麦粉 (こむぎこ) 소맥분/밀가루
麦畑 (むぎばたけ) 보리밭

バク
☆ 蕎麦 (そば) 메밀/메밀국수

530 髪 (터럭 발) 髮

| 髪 | 髪 | ノ | ー | F | E | E | 트 | 트 |
| 트 | 트 | 투 | 髟 | 髟 | 髪 | | | |

かみ
髪 (かみ) 머리
髪の毛 (かみのけ) 머리카락
髪型 (かみがた) 헤어스타일

ハツ
☆ 白髪 (しらが) 백발/흰머리

531 巻 (문서 권) 卷

| 巻 | 巻 | 丶 | 丷 | 뜨 | 쓰 | 半 | 눅 | 巻 |
| 巻 | | | | | | | | |

ま-く / まき
巻く (まく) 감다/말다
竜巻 (たつまき) 회오리바람

カン
巻頭 (かんとう) 권두
巻末 (かんまつ) 권말

532 毒 533 整 534 施

532 毒 (독 독)

| 一 | 十 | ‡ | 圭 | 走 | 青 | 毒 | 毒 |

ドク
- 毒 (どく) 독
- 食中毒 (しょくちゅうどく) 식중독
- 気の毒 (きのどく) 딱함/가엾음/안타까움
- 中毒 (ちゅうどく) 중독
- 消毒 (しょうどく) 소독

533 整 (가지런할 정)

| 一 | 丆 | 厂 | 戸 | 申 | 東 | 束 |
| 敕 | 敕 | 敕 | 敕 | 敕 | 整 | 整 | 整 |

ととの-える　**ととの-う**
- 整える (ととの) 조정하다/정돈하다
- 整う (ととの) 가지런해지다/정돈되다

セイ
- 整理 (せいり) 정리
- 調整 (ちょうせい) 조정
- 整備 (せいび) 정비

534 施 (베풀 시) 292 護

| ' | 亠 | 亍 | 方 | ガ | 方 | 斻 |
| 施 |

ほどこ-す

シ　セ
- 施設 (しせつ) 시설
- 実施 (じっし) 실시
- 介護施設 (かいごしせつ) 개호시설

535 耕　536 略　537 弾

535 耕

耕	耕	一	二	三	丰	耒	耒	耒	耒
		耒	耕						

(밭갈 경) 耕

たがや-す
耕す 갈다
たがや

コウ
耕地 경지
こうち

耕作 경작
こうさく

536 略

略	略	丨	冂	冂	田	田	田'	田欠	略
		略	略	略					

(대략 략) 略

リャク
略する 생략하다
りゃく

省略 생략
しょうりゃく

戦略 전략
せんりゃく

略す 간단히 하다/생략하다
りゃく

簡略 간략
かんりゃく

537 弾

弾	弾	丶	丷	弓	弓̇	弓̈	弓̈'	弾
		弾	弾	弾	弾			

(탄알 탄) 弾

ひ-く　**はず-む**　**たま**
弾く 연주하다
ひ

ダン

538 触 **539** 亡 **540** 互

538 触

触 触 触 ノ ク ク 角 角 角 角 角 角 角 触 触 触 触

(닿을 촉) 觸

116 肌

ふ-れる **さわ-る**

触れる 접촉하다/닿다
ふ

手触り 감촉
てざわ

触り心地 닿는 느낌/촉감
さわ ここ ち

触る 닿다/손을 대다
さわ

肌触り 촉감/감촉
はだざわ

ショク

539 亡

亡 亡 亡 丶 亠 亡

(망할 망)

な-い

亡くす 잃다
な

亡くなる 죽다/돌아가다
な

ボウ **モウ**

死亡 사망
しぼう

逃亡 도망
とうぼう

540 互

互 互 互 一 て 互 互

(서로 호)

たが-い

互い 서로/교대로
たが

ゴ

相互 상호
そうご

229

 541 句 542 甘 543 冊

541 句

句 句 ノ ク 勺 句 句

ク

文句 もんく 문구
俳句 はいく 하이쿠
禁句 きんく 금구
句点 くてん 마침표

(글귀 구)
008 俳

542 甘

甘 甘 一 十 廿 甘 甘

あま-い **あま-やかす** **あま-える**

甘い あま 달다
甘やかす あま 응석 부리게 하다
甘口 あまくち 단맛
甘える あま 응석 부리다

カン

(달 감)

543 冊

冊 冊 丨 冂 冂 冊 冊

サツ **サク**

〜冊 さつ 〜권

(책 책)

544 州　545 博　546 士

544

州

州　州

丿　丿丨　少　夘　州　州

す
シュウ

本州 혼슈
ほんしゅう

豪州 호주
ごうしゅう

欧州 구주/유럽
おうしゅう

(고을 주)
350 欧

545

博

博　博

一　十　十　ナ　ナ甫　忄甫　恒　博
忄甫　恒　博　博

ハク　バク

博物館 박물관
はくぶつかん

博士号 박사 학위
はく し ごう

☆ 博士 박사
はかせ

(넓을 박)
260 号
546 士

546

士

士　士

一　十　士

シ

武士 무사
ぶ し

弁護士 변호사
べん ご し

博士号 박사 학위
はく し ごう

紳士 신사
しん し

消防士 소방사
しょうぼう し

☆ 博士 박사
はかせ

(선비 사)
260 号
292 護
526 武
545 博

231

550 囲

囲 | 冂 冂 用 用 囲 囲

かこ-む　かこ-う
囲む 두르다/둘러싸다
かこ

(둘레 위) 圍

437 範
549 周

イ

周囲 주위
しゅう い

範囲 범위
はん い

雰囲気 분위기ㄴ
ふん い き

온라인 테스트

493-550

아래 웹사이트에 접속하여 493~550의 한자를 복습하십시오.

PC　http://www.hedgroup.co.kr/JLPT/N2_Kanji/Chapter8.html

Smartphone

50음순색인

한자	한자No.

あ

あ-がる	
挙	423
アク	
握	168
あ-げる	
挙	423
あさ-い	
浅	043
あざ-やか	
鮮	477
あせ	
汗	032
あせ-る	
焦	187
あた-える	
与	425
アツ	
圧	449
あつか-う	
扱	137
あ-てる	
充	365
あと	
跡	130
あな	
穴	406
あば-く	
暴	298
あば-れる	
暴	298
あ-びせる	
浴	060
あ-びる	
浴	060
あぶら	
脂	117
あま-い	
甘	542
あま-える	
甘	542
あま-す	
余	395
あま-やかす	
甘	542
あま-る	
余	395
あ-む	
編	372
あや-しい	
怪	200
あや-しむ	
怪	200
あやつ-る	
操	176
あやま-る	
誤	280
謝	289
あら-い	
荒	440
あ-らす	
荒	440
あらわ-す	
著	441
あ-れる	
荒	440
あわ-ただしい	
慌	204
あわ-てる	
慌	204

い

イ	
依	007
偉	012
胃	113
委	310
衣	320
異	505
囲	550
いか-る	
怒	191
イキ	
域	212
いき	
息	193
いきお-い	
勢	513
いさぎよ-い	
潔	065
いさ-む	
勇	512
いた	
板	076
いだ-く	
抱	144
いただき	
頂	247
いただ-く	
頂	247
いた-む	
傷	013
いた-める	
傷	013
いた-る	
至	217
いちじる-しい	
著	441
いな	
否	265

いの-る	うす-い	**え**	緒 370
祈 312	薄 448	エ	オウ
いや	うす-まる	依 007	往 023
嫌 309	薄 448	恵 192	桜 082
い-る	うす-める	え	欧 350
射 346	薄 448	柄 080	応 456
居 464	うす-らぐ	エイ	奥 509
いわ-う	薄 448	鋭 222	おか-す
祝 313	うす-れる	栄 424	犯 326
イン	薄 448	影 483	おが-む
隠 098	う-つ	永 515	拝 151
印 140	討 270	えが-く	おぎな-う
	うで	描 159	補 319
う	腕 121	エキ	オク
ウ	うなが-す	液 047	億 021
宇 407	促 015	益 499	憶 206
羽 519	う-まる	えだ	おく
うかが-う	埋 211	枝 078	奥 509
伺 006	う-める	えら-い	おく-る
う-かぶ	埋 211	偉 012	贈 238
浮 045	う-もれる	え-る	おこ-す
う-かべる	埋 211	得 028	興 504
浮 045	うやま-う	エン	おごそ-か
う-かれる	敬 337	沿 034	厳 463
浮 045	うら	演 061	おこ-る
う-く	裏 323	援 171	怒 191
浮 045	うらな-う	炎 178	興 504
うけたまわ-る	占 261	煙 182	おさ-える
承 548	う-る	塩 214	抑 139
う-ける	得 028	延 285	おさな-い
請 286	う-れる		幼 354
うじ	熟 189	**お**	おさ-まる
氏 458		お	納 362

おさ-める		織	376	拡	153	担	148
納	362	オン		較	357	かぶ	
お-す		穏	097	革	478	株	083
推	163	おん		か-く		かぶ-せる	
おそ-れる		御	030	描	159	被	318
恐	194			ガク		かぶ-る	
おそ-ろしい		**か**		額	254	被	318
恐	194	カ		かく-す		かべ	
おだ-やか		仮	004	隠	098	壁	219
穏	097	河	038	かく-れる		かま-う	
おど-り		貨	239	隠	098	構	088
踊	131	暇	296	かげ		かま-える	
おと-る		靴	479	影	483	構	088
劣	510	ガ		かこ-う		かみ	
おど-る		我	496	囲	550	髪	530
踊	131	カイ		かこ-む		かみなり	
おどろ-かす		街	029	囲	550	雷	302
驚	339	快	199	かしこ-い		がら	
おどろ-く		怪	200	賢	246	柄	080
驚	339	悔	202	かた		から-い	
おび		壊	216	肩	111	辛	524
帯	174	灰	450	片	480	か-らす	
お-びる		ガイ		かた-い		枯	081
帯	174	街	029	硬	229	かり	
おもむき		害	412	かたき		仮	004
趣	405	か-える		敵	336	か-れる	
およ-び		換	169	かたむ-く		枯	081
及	138	替	300	傾	016	かわ	
およ-ぶ		かか-える		かたむ-ける		河	038
及	138	抱	144	傾	016	皮	228
およ-ぼす		かか-げる		カツ		革	478
及	138	掲	167	滑	057	かわ-かす	
お-る		カク		かつ-ぐ		乾	183

かわ-く							
乾	183	企	394	巨	134	極	086
か-わる		寄	415	距	135	きわ-み	
換	169	希	490	拒	136	極	086
替	300	ギ		拠	146	きわ-める	
カン		儀	022	許	273	極	086
汗	032	義	497	挙	423	キン	
換	169	きざ-し		居	464	均	207
乾	183	兆	127	ギョ		緊	379
患	195	きざ-す		御	030	筋	431
環	232	兆	127	漁	062		
缶	278	きざ-む		きよ-い		**く**	
看	291	刻	386	清	050		
歓	352	きし		キョウ		ク	
勧	353	岸	452	況	035	功	233
緩	373	きず		胸	119	紅	360
干	381	傷	013	挟	154	庫	459
刊	382	きず-く		恐	194	句	541
官	410	築	438	境	215	く-いる	
巻	531	きそ-う		叫	255	悔	202
甘	542	競	518	狭	328	グウ	
ガン		キツ		驚	339	偶	011
頑	250	喫	259	響	484	隅	102
含	266	詰	279	興	504	くさ-い	
岸	452	きび-しい		競	518	臭	507
		厳	463	キョク		クツ	
き		ギャク		極	086	掘	166
		逆	399	きよ-まる		くつ	
キ		キュウ		清	050	靴	479
机	073	及	138	きよ-める		くも-る	
季	093	吸	256	清	050	曇	299
貴	242	救	333	きら-う		くや-しい	
喜	268	旧	487	嫌	309	悔	202
祈	312	キョ		きわ-まる		く-やむ	
						悔	202

238

くら		景	482	孤	304	こ-う	
蔵	447	契	508	庫	459	請	286
く-らす		競	518	戸	469	ゴウ	
暮	446	ゲキ		雇	470	号	260
く-る		激	067	コ		こうむ-る	
繰	377	劇	390	粉	106	被	318
くれない		けず-る		ゴ		こ-える	
紅	360	削	388	御	030	超	404
く-れる		ケツ		誤	280	こおり	
暮	446	潔	065	護	292	氷	514
くわ-しい		穴	406	互	540	こお-る	
詳	277	けむ-い		こ-い		凍	069
くわだ-てる		煙	182	濃	066	こ-がす	
企	394	けむり		コウ		焦	187
クン		煙	182	候	009	こ-がれる	
訓	271	けむ-る		洪	042	焦	187
グン		煙	182	構	088	コク	
軍	422	ケン		郊	105	谷	264
群	476	権	089	肯	110	刻	386
		肩	111	抗	143	ゴク	
け		賢	246	慌	204	極	086
ケ		嫌	309	鉱	223	こ-げる	
仮	004	軒	355	硬	229	焦	187
ケイ		ゲン		更	230	こご-える	
傾	016	源	058	功	233	凍	069
掲	167	嫌	309	攻	234	こころざし	
携	173	厳	463	購	237	志	190
恵	192			講	290	こころざ-す	
境	215	**こ**		紅	360	志	190
系	306	コ		荒	440	こころよ-い	
敬	337	湖	041	航	472	快	199
警	338	枯	081	興	504	こし	
継	367	拠	146	耕	535	腰	122

こ-す		砂	226	策	430	さら	
超	404	サイ		冊	543	更	230
こた-える		催	014	さ-く		皿	498
応	456	祭	070	咲	258	さわ-ぐ	
コツ		採	160	さくら		騒	341
滑	057	災	177	桜	082	さわ-る	
骨	114	裁	324	さぐ-る		障	103
こと		載	325	探	162	触	538
異	505	歳	527	さけ-ぶ		サン	
こな		ザイ		叫	255	賛	245
粉	106	材	074	さ-ける		散	334
こば-む		罪	129	避	403		
拒	136	さか		さ-げる		**し**	
こ-む		坂	208	提	170		
混	049	逆	399	さ-さる		シ	
ころ		さかい		刺	387	伺	006
頃	248	境	215	さ-す		枝	078
ころも		さか-える		刺	387	脂	117
衣	320	栄	424	さそ-う		志	190
こわ-い		さが-す		誘	283	至	217
怖	201	捜	156	サツ		詞	275
こわ-す		探	162	撮	175	詩	276
壊	216	さかずき		刷	385	姿	311
こわ-れる		杯	077	察	419	視	315
壊	216	さか-らう		冊	543	祉	317
コン		逆	399	さば-く		刺	387
混	049	さか-る		裁	324	氏	458
ゴン		盛	501	さび		施	534
権	089	さか-ん		寂	414	士	546
厳	463	盛	501	さび-しい		ジ	
		サク		寂	414	似	003
さ		昨	294	さび-れる		除	099
		削	388	寂	414	児	488
サ						しお	

塩	214	湿	055	充	365	召	262
シキ		**しめ-る**		**シュク**		詳	277
識	282	湿	055	祝	313	昇	297
織	376	**し-める**		縮	375	姓	307
しずく		占	261	**ジュク**		装	322
滴	064	締	371	熟	189	将	343
しず-む		**シャ**		**ジュツ**		床	455
沈	033	捨	161	述	397	症	461
しず-める		砂	226	**ジュン**		章	523
沈	033	謝	289	順	249	承	548
した		射	346	純	363	**ジョウ**	
舌	263	**ジャク**		**ショ**		城	210
したが-う		寂	414	署	128	丈	251
従	027	**シュ**		処	147	譲	293
したが-える		趣	405	諸	287	状	342
従	027	**ジュ**		緒	370	蒸	442
したた-る		従	027	**ジョ**		盛	501
滴	064	需	303	徐	025	畳	506
シツ		就	417	除	099	**ショク**	
湿	055	**シュウ**		序	454	織	376
しぶ		秀	092	**ショウ**		触	538
渋	052	拾	155	傷	013	**しるし**	
しぶ-い		祝	313	象	020	印	140
渋	052	就	417	従	027	**しろ**	
しぶ-る		舟	471	清	050	城	210
渋	052	臭	507	渉	051	**シン**	
し-まる		州	544	障	103	伸	005
締	371	周	549	精	109	臣	133
し-み		**ジュウ**		招	152	振	157
染	090	従	027	焼	181	針	220
し-みる		渋	052	焦	187	診	274
染	090	柔	091	照	188	請	286
しめ-す		拾	155	賞	244	寝	418

辛	524	砂	226	セキ		**そ**	
ジン		すべ-て		析	075	ソ	
臣	133	全	393	積	096	祖	314
		すべ-る		跡	130	素	378
す		滑	057	績	374	ソウ	
ス		す-べる		寂	414	捜	156
素	378	統	364	籍	439	掃	165
す		すみ		セチ		操	176
州	544	隅	102	節	434	燥	184
ズ		炭	451	セツ		贈	238
豆	492	す-る		節	434	装	322
スイ		刷	385	ゼツ		騒	341
推	163	するど-い		舌	263	総	368
吹	257	鋭	222	絶	366	層	468
す-う		スン		せば-まる		双	516
吸	256	寸	344	狭	328	そ-う	
す-かす				せば-める		沿	034
透	400	**せ**		狭	328	添	048
すがた		セ		せま-い		ゾウ	
姿	311	施	534	狭	328	像	019
す-く		せ		せ-める		象	020
透	400	背	112	攻	234	臓	124
すく-う		セイ		せ-る		憎	205
救	333	清	050	競	518	贈	238
す-ける		精	109	セン		蔵	447
透	400	請	286	浅	043	そうろう	
すじ		姓	307	染	090	候	009
筋	431	盛	501	占	261	そ-える	
すす-める		勢	513	専	347	添	048
勧	353	歳	527	鮮	477	ソク	
す-てる		整	533	ゼン		促	015
捨	161	せい		善	269	測	056
すな		背	112	全	393	息	193

即	435
ゾク	
属	467
そこ	
底	457
そこ-なう	
損	172
そこ-ねる	
損	172
ソツ	
率	525
そ-まる	
染	090
そむ-く	
背	112
そむ-ける	
背	112
そ-める	
染	090
ソン	
損	172
孫	305
尊	348

た

タイ	
滞	053
帯	174
態	197
替	300
袋	321
た-える	
絶	366

たお-す	
倒	010
たお-れる	
倒	010
たが-い	
互	540
たがや-す	
耕	535
たから	
宝	409
タク	
濯	068
だ-く	
抱	144
たくわ-える	
蓄	443
たけ	
丈	251
竹	427
たずさ-える	
携	173
たずさ-わる	
携	173
たたみ	
畳	506
たた-む	
畳	506
たち	
達	401
タツ	
達	401
た-つ	
裁	324

絶	366
たっと-い	
貴	242
尊	348
たっと-ぶ	
貴	242
尊	348
たな	
棚	085
たに	
谷	264
たの-む	
頼	253
たの-もしい	
頼	253
たま	
弾	537
たまご	
卵	517
た-やす	
絶	366
たよ-る	
頼	253
だれ	
誰	288
タン	
担	148
探	162
誕	284
炭	451
端	521
ダン	
弾	537

ち

チ	
恥	198
ち	
乳	392
ちぎ-る	
契	508
チク	
竹	427
築	438
蓄	443
畜	444
ちち	
乳	392
ちぢ-まる	
縮	375
ちぢ-む	
縮	375
ちぢ-める	
縮	375
ちぢ-らす	
縮	375
ちぢ-れる	
縮	375
チュウ	
仲	002
柱	079
抽	149
駐	340
宙	408
チョ	
緒	370
著	441

チョウ
- 徴 031
- 眺 126
- 兆 127
- 貼 236
- 頂 247
- 帳 330
- 張 380
- 超 404
- 丁 420
- 庁 453

ち-らかす
- 散 334

ち-らかる
- 散 334

ち-らす
- 散 334

ち-る
- 散 334

ち-る
- 散 334

チン
- 沈 033
- 珍 231
- 賃 243

つ

つか-まえる
- 捕 158

つか-まる
- 捕 158

つ-く
- 突 411
- 就 417

つ-ぐ
- 継 367

つくえ
- 机 073

つ-ける
- 就 417

つつ
- 筒 432

つつ-む
- 包 145

つと-める
- 努 511

つぶ
- 粒 107

つ-まる
- 詰 279

つみ
- 罪 129

つ-む
- 積 096
- 詰 279

つ-める
- 詰 279

つ-もる
- 積 096

て

テイ
- 程 095
- 抵 150
- 提 170
- 締 371
- 丁 420
- 底 457

デイ
- 泥 037

テキ
- 滴 064
- 敵 336
- 適 402

テツ
- 哲 267

て-らす
- 照 188

て-る
- 照 188

て-れる
- 照 188

テン
- 添 048
- 展 465
- 殿 474
- 典 503

デン
- 殿 474

と

ト
- 徒 026
- 塗 218
- 途 396

と
- 戸 469

ド
- 怒 191
- 努 511

トウ
- 倒 010
- 湯 054
- 凍 069
- 糖 108
- 踏 132
- 灯 179
- 塔 213
- 討 270
- 納 362
- 統 364
- 到 384
- 透 400
- 党 426
- 等 429
- 筒 432
- 豆 492
- 盗 500

ドウ
- 銅 224
- 導 349
- 童 522

とうと-い
- 貴 242
- 尊 348

とうと-ぶ
- 貴 242
- 尊 348

と-かす
- 溶 059

トク
- 得 028

と-く
- 溶 059

ドク	
独	327
毒	532

と-ける

| 溶 | 059 |

とこ

| 床 | 455 |

トツ

| 突 | 411 |

とどこお-る

| 滞 | 053 |

ととの-う

| 整 | 533 |

ととの-える

| 整 | 533 |

となり

| 隣 | 104 |

とな-る

| 隣 | 104 |

との

| 殿 | 474 |

どの

| 殿 | 474 |

とぼ-しい

| 乏 | 241 |

とみ

| 富 | 416 |

と-む

| 富 | 416 |

と-らえる

| 捕 | 158 |

と-らわれる

| 捕 | 158 |

と-る	
捕	158
採	160
撮	175

どろ

| 泥 | 037 |

ドン

| 鈍 | 221 |
| 曇 | 299 |

な

ナ	
納	362

な-い

| 亡 | 539 |

なか

| 仲 | 002 |

なが-い

| 永 | 515 |

なが-める

| 眺 | 126 |

ナツ

| 納 | 362 |

なみだ

| 涙 | 046 |

なめ-らか

| 滑 | 057 |

なや-ます

| 悩 | 203 |

なや-む

| 悩 | 203 |

ナン

| 軟 | 356 |

に

ニ	
児	488

にお-う

| 臭 | 507 |

にぎ-る

| 握 | 168 |

にく-い

| 憎 | 205 |

にく-しみ

| 憎 | 205 |

にく-む

| 憎 | 205 |

にく-らしい

| 憎 | 205 |

にな-う

| 担 | 148 |

にぶ-い

| 鈍 | 221 |

にぶ-る

| 鈍 | 221 |

ニュウ

| 柔 | 091 |
| 乳 | 392 |

に-る

| 似 | 003 |

ニン

| 認 | 281 |

ぬ

ぬ-かす

納	362

ぬ-かる

| 抜 | 142 |

ぬ-く

| 抜 | 142 |

ぬ-ける

| 抜 | 142 |

ぬす-む

| 盗 | 500 |

ぬの

| 布 | 489 |

ぬ-る

| 塗 | 218 |

ね

ネイ	
寧	421

ね-かす

| 寝 | 418 |

ねこ

| 猫 | 329 |

ねむ-い

| 眠 | 125 |

ねむ-る

| 眠 | 125 |

ね-る

| 寝 | 418 |

ネン

| 燃 | 186 |

の

ノウ	
濃	066

脳	120
悩	203
納	362

のき
| 軒 | 355 |

の-せる
| 載 | 325 |

のぞ-く
| 除 | 099 |

のぞ-む
| 望 | 491 |

の-ばす
| 伸 | 005 |
| 延 | 285 |

の-びる
| 伸 | 005 |
| 延 | 285 |

の-べる
伸	005
延	285
述	397

のぼ-る
| 昇 | 297 |

の-る
| 載 | 325 |

は

ハ
| 派 | 044 |
| 破 | 227 |

は
| 羽 | 519 |
| 端 | 521 |

ハイ
俳	008
杯	077
背	112
拝	151
輩	359

はい
| 灰 | 450 |

は-え
| 栄 | 424 |

は-える
| 栄 | 424 |

はか-る
| 測 | 056 |

ハク
| 薄 | 448 |
| 博 | 545 |

は-く
| 掃 | 165 |

バク
爆	185
暴	298
幕	445
麦	529
博	545

はげ-しい
| 激 | 067 |

はこ
| 箱 | 436 |

はさ-まる
| 挟 | 154 |

はさ-む
| 挟 | 154 |

はし
| 端 | 521 |

はじ
| 恥 | 198 |

はしら
| 柱 | 079 |

は-じらう
| 恥 | 198 |

は-じる
| 恥 | 198 |

は-ずかしい
| 恥 | 198 |

はず-む
| 弾 | 537 |

はた
| 畑 | 180 |
| 端 | 521 |

はだ
| 肌 | 116 |

はたけ
| 畑 | 180 |

ハツ
| 髪 | 530 |

バツ
| 抜 | 142 |

はな
| 鼻 | 115 |

はな-す
| 離 | 164 |

はな-れる
| 離 | 164 |

はね
| 羽 | 519 |

はば
| 幅 | 331 |

はま
| 浜 | 039 |

はら
| 腹 | 123 |

はり
| 針 | 220 |

は-る
| 貼 | 236 |
| 張 | 380 |

ハン
板	076
坂	208
販	235
犯	326
範	437
般	473
版	481

バン
| 板 | 076 |
| 晩 | 295 |

ひ

ヒ
秘	094
批	141
皮	228
否	265
被	318
避	403

ひ
| 灯 | 179 |

氷	514
ビ	
鼻	115
ひい-でる	
秀	092
ひき	
匹	335
ひき-いる	
率	525
ひ-く	
弾	537
ひたい	
額	254
ヒツ	
匹	335
筆	433
ひつじ	
羊	475
ひと-しい	
等	429
ひと-り	
独	327
ひび-く	
響	484
ひま	
暇	296
ひ-める	
秘	094
ヒョウ	
票	071
標	072
兵	502
氷	514

ビョウ	
描	159
猫	329
ひ-る	
干	381
ひろ-う	
拾	155
ヒン	
浜	039
貧	240
ビン	
貧	240

ふ

フ	
浮	045
怖	201
富	416
符	428
布	489
ブ	
武	526
舞	528
フウ	
封	345
富	416
ふ-かす	
更	230
フク	
腹	123
福	316
幅	331
副	389

ふ-く	
吹	257
ふく-む	
含	266
ふく-める	
含	266
ふくろ	
袋	321
ふ-ける	
更	230
ふし	
節	434
ふた	
双	516
フツ	
沸	036
ブツ	
仏	001
ふで	
筆	433
ふな	
舟	471
ふね	
舟	471
ふ-まえる	
踏	132
ふ-む	
踏	132
ふ-る	
振	157
ふ-るう	
振	157
ふ-れる	

振	157
触	538
フン	
粉	106

へ

ヘイ	
柄	080
兵	502
ヘキ	
壁	219
べに	
紅	360
ヘン	
編	372
片	480

ほ

ホ	
捕	158
補	319
ボ	
模	087
暮	446
ホウ	
抱	144
包	145
封	345
宝	409
豊	493
ボウ	
棒	084
坊	209

乏	241	まい		豆	492	ミン	
暴	298	舞	528	まよ-う		眠	125
帽	332	ま-う		迷	398		
望	491	舞	528	まわ-り		**む**	
亡	539	まき		周	549	ム	
ボク		巻	531	マン		武	526
僕	018	マク		漫	063	むぎ	
ほ-しい		幕	445			麦	529
欲	351	ま-く		**み**		む-す	
ほ-す		巻	531	みが-く		蒸	442
干	381	まご		磨	460	むすめ	
ボッ		孫	305	みさお		娘	308
坊	209	ま-ざる		操	176	むな	
ほっ-する		混	049	みずうみ		胸	119
欲	351	ま-じる		湖	041	むね	
ほど		混	049	みだ-す		胸	119
程	095	まず-しい		乱	391	むら	
ほとけ		貧	240	みだ-れる		群	476
仏	001	ま-ぜる		乱	391	む-らす	
ほどこ-す		混	049	みちび-く		蒸	442
施	534	まち		導	349	む-れ	
ほね		街	029	ミツ		群	476
骨	114	まった-く		密	413	む-れる	
ほのお		全	393	みと-める		蒸	442
炎	178	まつ-り		認	281	群	476
ほ-る		祭	070	みどり			
掘	166	まつ-る		緑	361	**め**	
		祭	070	みなもと		メイ	
ま		まど-う		源	058	迷	398
マ		惑	196	ミャク		めぐ-む	
磨	460	まね-く		脈	118	恵	192
マイ		招	152	み-る		め-す	
埋	211	まめ		診	274	召	262

めずら-しい		養	495	緩	373	喜	268
珍	231	やと-う		ゆる-める		**ら**	
メン		雇	470	緩	373	ライ	
綿	369	やぶ-る		ゆる-やか		頼	253
も		破	227	緩	373	雷	302
モ		やぶ-れる		**よ**		ラン	
模	087	破	227	ヨ		乱	391
モウ		やわ-らか		余	395	覧	466
望	491	柔	091	与	425	卵	517
亡	539	軟	356	よ-い		**り**	
も-える		やわ-らかい		善	269	リ	
燃	186	柔	091	良	494	離	164
も-す		軟	356	ヨウ		裏	323
燃	186	**ゆ**		溶	059	リク	
もっぱ-ら		ゆ		陽	101	陸	100
専	347	湯	054	腰	122	リチ	
も-やす		ユウ		踊	131	律	024
燃	186	誘	283	幼	354	リツ	
もよお-す		勇	512	羊	475	律	024
催	014	ゆか		養	495	率	525
も-る		床	455	ヨク		リャク	
盛	501	ゆず-る		浴	060	略	536
や		譲	293	抑	139	リュウ	
ヤク		ゆた-か		欲	351	粒	107
訳	272	豊	493	翌	520	リョウ	
益	499	ゆだ-ねる		よ-せる		僚	017
や-く		委	310	寄	415	漁	062
焼	181	ゆる-い		よそお-う		領	252
や-ける		緩	373	装	322	療	462
焼	181	ゆる-す		よ-る		良	494
やしな-う		許	273	寄	415	了	547
		ゆる-む		よろこ-ぶ			

249

リョク	
緑	361

リン	
隣	104
輪	358

る

ルイ	
涙	046

れ

レイ	
零	301
令	485
齢	486

レツ	
列	383
劣	510

ろ

ロク	
録	225
緑	361

わ

わ	
輪	358
我	496

わ-かす	
沸	036

ワク	
惑	196

わ-く	
沸	036

わけ	
訳	272

わざわ-い	
災	177

わずら-う	
患	195

わた	
綿	369

わらべ	
童	522

われ	
我	496

ワン	
湾	040
腕	121

필승합격 일본어능력시험 N2 한자 550

초판발행일　2021년 6월 5일 (1쇄)

편　　　저	아스크출판 편집부
발　행　인	송부영
발　행　처	(주)해외교육사업단
출 판 등 록	제16-1456호
주　　　소	서울시 서초구 강남대로 381 두산 709호
전　　　화	02-736-1010
이　메　일	song@hed.co.kr
홈 페 이 지	www.hedgroup.co.kr

*본사에서는 소중한 원고, 새로운 기획의 제안을 기다리고 있습니다.
*이 책은 저작권법에 의해 보호를 받는 저작물이므로 무단 전재와 복제를 금합니다.
*잘못된 책은 구입하신 서점이나 본사에서 교환해드립니다.

©2021 Ask Publishing Co., Ltd. Printed in Japan